Wolfgang Lazar
Gronauer Weg 23
61184 Karben
Tel.: 06039 - 1529

FISCHER BOOT

D1926369

Lieber Wolfgang!

Herzlichen Glückw[...]

27. Geburtstag. Bei mir ist es auch bald soweit, du bist hiermit eingeladen. Eigentlich bin ich davon abgegangen, Bücher zu verschenken, aber dieser Titel und seine Aufmachung trifft meine Stimmung, gerade auch nach den letzten Erlebnissen bei und mit den Naturfreunden (-innen). Ich habe ein Bedürfnis dies Dir mitzuteilen: Gedichte gegen den Frust, wir alle haben sie bitter (?!) nötig. Ich wünsche Dir noch viel Lebenslust, nicht nur beim Lesen der Gedichte gegen den Frust!!!

Dieter Eckhardt

Gedichte gegen den Frust

Herausgegeben von Hans Kruppa

Fischer
Taschenbuch
Verlag

Fischer Boot
Lektorat Christel Schütz

Originalausgabe
Fischer Taschenbuch Verlag
Februar 1983
Umschlagentwurf: Hansjörg und Evi Langenfass, Ismaning
Foto: Imme Techentin
Fischer Taschenbuch Verlag GmbH, Frankfurt am Main

Satzherstellung: Fotosatz Otto Gutfreund, Darmstadt
Druck und Bindung: Clausen & Bosse, Leck
Printed in Germany
880-ISBN-596-27538-5

INHALT

Begegnungen

In eigener Sache

Berufliches

Vorsätze und Vorschläge

Paare, Paarungen

Etwas wie Liebe

Wunschzettel

Momente, Stunden, Tage

GERHILD MICHEL

Ein Frühlingstag

Hunger nach Sonne
den Winter abschütteln
Dunkelheit Eiszapfen Schnee
wie diese Faschingsprinzessin
dieser Zauberlehrling
die Welt in der Tasche
oder dieser einäugige Pirat
Held aus der letzten Schlacht
wir alle hungrig nach Sonne
hungrig nach vielen Leben
wir werfen Papierschlangen
über die Dächer
unserem Nachbarn ins Fenster
die kahlen Bäume geschmückt
die Sonne scheint
wir gehen durch die Luft
heut wird sie uns tragen

JÜRGEN STELLING

darüber

am waldrand
ganz nahe bei kraft
dies ist kein naturgedicht
lagen wir im gras
dem mittag schon nah
während mücken und bremsen
ihre angriffe flogen
im hellen licht
dies ist immer noch
kein naturgedicht
immerhin
war es ganz natürlich
was wir machten

VOLKER ERHARDT

schwimmen in märkischen seen

hinausschwimmen
allein sein
sich treiben lassen
den himmel sich verändern sehen
nachdenken
träumen

zurückschwimmen
zu den freunden
am ufer

URTE STOF

Frühlingstreiben

Das erste Mal in diesem Jahr
sitze ich in der Sonne
angelehnt an einen Baum
Mein Blick wandert
ohne Ziel
mal hier mal dorthin
nichts festhaltend
Zaghaft noch
duftet das Gras
neu und altbekannt
Die Zeit verweht
im sanften Spiel des Windes
die Gedanken
sonnendurchwärmt
lassen sich wohlig
neben mir im Grase nieder
friedlich sitzen wir beieinander
und schauen
dem Treiben des Frühlings zu

Gras beugt sich zärtlich zurück.
– Sonne gesehen.
Ohne Wolken dagesessen,
gemalt,
gefühlt,
daß jenseits allem Schwierigen
ein leichtes Fröhlichsein spürbar ist.

MANFRED HAUSIN

sommertag

ich sitze beim ferienwirt
vor seiner hütte und rede und rede
mit flausen im kopf
von mücken umschwirrt

da wirds ihm zu bunt
er klatscht in die hände
weg sind die flausen –
aber die mücken

SUSANNE HENNEMANN

Tagesanbruch
(Südliche Tage)

Einen neuen Tag fädeln wir ein
Wir hängen das Fensterkreuz in den Rahmen
tragen die Morgenfrühe herein
und waschen das Tageslicht aus der Dämmerung
in unbestimmter Erwartung

Vertont von Eckart Wilkens
Vertont von E. R. Barthel

RENATE AXT

Sommer

Linden
Jasmin
und ein gefiedertes Blütenblatt

der Schatten der Turmuhr schweigt

trockener Sand
Honigluft
Und der Klang der Gitarre

Abende
die man nackt begrüßen sollte

HANS-CURT FLEMMING

noch 14 minuten

ich warte
auf dich
schließe kurz die augen
und lächle ein
lächeln
als wärst du schon da

UWE-MICHAEL GUTZSCHHAHN

Fensterläden

Licht in helle Streifen geschnitten
genug um aufzuwachen es liegt
auf dem Bett auf der Schranktür
den Wänden mit Farnkrautmuster
es liegt wie Lattenroste zusammengelegt
im nicht mehr beheizten Hotelzimmer
an einem Morgen im März

Da reißt du die Fensterläden auf
und stehst im grellen südlichen Tag
als hätte ich lange den Sommer verschlafen
du legst dich noch einmal zu mir
und wir lassen uns treiben im Rauschen
von Straße und Fluß die sich kreuzen
unterm geöffneten Fenster

Jubel

Auf einem Felde
spielende Kinder –
unversehens steigen sie
als Lerchen in den Himmel.

Der Jubel läßt sich nicht
fangen.

Tränenlose Augen leuchten.

Der Fuß spürt nicht
das erste zertretene Gras.

Das Leben ohne Schlaf –
seine Speise heißt Licht.

Ein herabgestürzter Ast
beginnt zu blühen.

Ansprüche und Zusprüche

FRITZ DEPPERT

Rekonvaleszenz

Ich habe lachen gelernt,
ich bin einer von vielen
und spreche es aus:
ich will nicht nur Rückblicke
nach Auschwitz
und Seitenblicke
auf Folter und Mord;
ich will auch den Park sehn,
die spielenden Kinder,
und ein Recht haben
auf Gespräche mit Baum und Kind.
Unfrei sind die,
die uns schinden,
und die,
die über nichts anderes reden können.
Ich schweige sie tot
und sage
Menschen sind freundlich,
Menschen sind gut,
bis jeder begreift,
daß er es sein kann
und es ist.
Ich überlasse Hoffnung
und das Sprechen darüber
nicht länger Strohmännern.
Ich schreibe meine Sätze zuende
und wiederhole sie.

DAGMAR SCHERF

Erst wenn

Erst wenn ich schreibe,
öffnen sich ungeahnte Verstecke.

Erst wenn ich weine,
entdecke ich die großen Trauerseen.

Erst wenn ich schwimme,
erinnere ich mich an die Zärtlichkeit des Wassers.

Erst wenn ich in deinen Armen liege,
überschwemmt mich die Sehnsucht.

Vorher immer
das genügsame, glatte
Mir-fehlt-Nichts,
An-sich-gehts-mir-gut.

Das Atemholen dann,
Mut fassen,
der Anlauf,
Sprung ins –
Sieh da, das Wasser ist warm!

BETTINA WEGNER

Cool sein

Manchmal sagen mir die Leute
man darf sein Gefühl nicht zeigen
denn die andern wünschten heute
lächelndes Geschwätz und Schweigen
Und wer dieses Spiel nicht spielt
wird daran zugrunde gehn
weil man auf die Schwächen zielt
dürfen andre sie nicht sehn

»Cool« ist eins der Lieblingsworte
Gut getarnt scheint halb gewonnen
Eisgesicht aus der Retorte
Produktion hat schon begonnen
Wenn man weint, ist man kein Mann
Kummer darf nie offen sein
weil nicht sein darf, was nicht kann
also heule stets allein

Lächerlich will ich mich machen
daß die Leute endlich merken
nur wer weint, kann wirklich lachen
nur wer schwach ist, hat auch Stärken
Nur, wer seine Trauer zeigt
Wut und Angst und Liebe auch
wer sein Fühlen nicht verschweigt
kriegt dafür auch, was er braucht

Wir sind nicht dazu geboren
um uns ewig zu verstellen
Wirklich sind wir nur verloren
wenn wir mit den Hunden bellen
Und Enttäuschungen tun not

was man gibt, kriegt man zurück
wer nicht leiden kann, ist tot
nur, wer Trauer kennt, kennt Glück

Nur, wer schreien kann, ertrinkt nicht
nur wer fällt, wird aufgehoben
nur, wer Dunkel kennt, der kennt Licht
nur, wer unten war, kennt oben
Grade, wer verletzlich bleibt
und wer Angst und Hoffnung kennt
wer sich an sich selber reibt
ist, was man den Menschen nennt.

KAI ENGELKE

Spiel Musikant

baue ein Haus aus Harmonien
gegen die Gewöhnlichkeit
errichte eine Barrikade aus Tönen
uns vor Mittelmaß zu schützen
sing – Musikant – uns ein Lied
damit wir nicht resignieren
erfinde eine Melodie
gegen die Hoffnungslosigkeit
und laß uns kämpfen
mit Musik gegen die Angst
Spiel Musikant spiel

CHRISTOPH HAVERS

Aufbruch

Komm, laß uns aufbrechen, endlich
aufbrechen in noch
unvermessenes land
vorwärtstasten
wie ein kind
durch das wogende
ährenmeer der zeit
wie eine blüte
die sich öffnet
jeden ton, jede berührung
das flüstern des windes
und des sonnenlichts so
in sich aufzunehmen
als wäre es das erste
und zugleich
das letzte mal

INGEBORG HABERKORN

Ungeduldiger Zuruf

Laß es springen
dein Herz

Ausgelegt
hab ich ihm schon
all meine Kissen
für den weichen Fall

HANS KRUPPA

Ermutigung

Steh zu dir,
so oft du auch
gefallen bist.

Nimm dich wahr,
wie lange du dich
auch verleugnet hast.

Bleib dir treu,
so oft du dich auch
noch betrügen magst.

Geh mit dir,
und wenn du dich
tausendmal in die Irre führst.

Nick dir zu,
selbst wenn die ganze Welt
den Kopf über dich schüttelt.

Glaub an dich,
dann hast du eine Religion,
die dir weiterhilft.

CHRISTINE HAIDEGGER

Tritt ein ins Wort
Sieh
was da war
was da sein wird

An der Schwelle
ködre den Lidschlag
Setze den Stein
gegen das Nichts

JETZT

Trage das JA
über die Brücke
auf der offenen Hand

Jemand
wird dich erwarten

Oder
die Spuren im Sand

UWE-MICHAEL GUTZSCHHAHN

Tanka
(für Rolf Haufs)

Komm es ist Winter
dies ist ein blattloser Tag
wir drehn ihn nicht um

Aber komm und wir reden
pflanzen den Tulpenbaum fort

DETLEV BLOCK

Ansprache

Spring doch mal
über deinen Schatten!

Er wußte,
es ging nicht –

aber daß
einer ihn so anlachte,

gab ihm
den erlösenden Mut,

kleine Schritte
mit Schatten zu machen.

SUSANNE HENNEMANN

Geh dir nach

Geh dir nach
hör dir zu
fall dir nicht in den Arm
durchbrich
was dir im Wege steht
zuerst dich selbst
geh dir nach

Andenken

Komm
sag mir ›du‹
und gib mir die Hand,
wenn sie dir selber zu schwer geworden ist.

Komm
nenn mich wie du willst
und sing eine Melodie dabei,
wenn du nicht mehr reden kannst.

Komm
spiel mit mir
und berühre mich
wenn du willst.

VOLKER ERHARDT

widerspruch

bleib
wie du bist

und
ändere dich
täglich

ANGI DOMDEY

Unter dem Pflaster liegt der Strand

Komm laß dich nicht erweichen
bleib hart an deinem Kern
rutsch nicht in ihre Weichen
treib dich nicht selbst dir fern

Refr.:
Unter dem Pflaster da liegt der Strand
komm reiß auch du ein paar Steine aus dem Sand

Komm laß dir nicht erzählen
was du zu lassen hast
du kannst doch selber wählen
nur langsam keine Hast
Unter dem Pflaster...

Zieh die Schuhe aus
die schon so lang dich drücken
lieber barfuß lauf
aber nicht auf ihren Krücken
Unter dem Pflaster...

Dreh dich und tanz
dann können sie dich nicht packen
verscheuch sie ganz
mit deinem lauten Lachen
Unter dem Pflaster...

Die größte Kraft
ist deine Phantasie
wirf die Ketten weg
und schmeiß sie gegen die
die mit ihrer Macht
deine Kräfte brechen wollen
Unter dem Pflaster...

Oui au dessous du paveé est la plage...

Text und Musik: Angi Domdey auf »Schneewittchen zerschlag deinen gläsernen Sarg«, Philips Best.-Nr. 6305 387

Aufbrüche

Ins Freie

Wasser unterm Eis,
es fließt, die wärmren
Tage werden kommen.

Eine Tür, die offen steht,
ist alles, was ich brauche,
ist alles, was ich will.

Einen rechten Tag zu gehn,
den gibt's nicht, kann's nicht geben,
so ist ein jeder recht.

Wasser unterm Eis,
es fließt, die wärmren
Tage sind gekommen.

ANNEMARIE ZORNACK

Zivilcourage

ein champignon durchstößt
den asphalt
täglich ermuntere ich ihn

die risse
werden größer
schon wölbt sich
der straßenbelag

am mittwoch
hat ers geschafft

zentimeterweise
schleudert
sein häubchen
die brocken
beiseite
      zwei complizen
zwinkern wir uns zu

MANFRED HAUSIN

einfach ein frühling

kaum zu glauben
einfach ein frühling
und dann noch einer
der unter die haut geht
kommt so und packt uns
und schwenkt uns herum

nicht zu fassen
die sache mit hannelore
von liebe war nie die rede
ein halbes jahr derselbe weg
plötzlich ist der asphalt zuende
und wir barfuß und wiesenwarm

ist es denn möglich
die beinah gebrochenen
sie brechen durch
wachsen empor
weich aus der eishart
zerbrechenden wintererde

HANS GEORG BULLA

Übers Land

Wir ziehen los, wir gehn. In den
hohen blauen Stiefeln durch das
nasse Gras. Komm, ich helf dir
übers Wasser. Ein kleiner Sprung
nur, wir haben jetzt die Kraft.

Tragen könnten wir uns auf den Armen,
den Hügel hinab könnten wir fliegen.
Daß der Schal uns lange nachflattert,
daß uns die Augen aufgehn überm Land.

Hier können wir wieder niedergehn.
Immer noch hat der Wind uns bei
den Haaren. Komm, ich helf dir
übers Wasser, ein kleiner Sprung
nur, wir haben jetzt die Kraft.

FRITZ DEPPERT

Antithese

Der Tag beginnt
mit einem Windstoß,
der Blätter von Bäumen reißt.
Der Tag beginnt
mit Händen in Manteltaschen
und Schal vor dem Mund.
Ich schenke mir die Sonne,
stecke sie in die Tasche,
wärme mich an ihr.
Wenns keiner sieht,
rolle ich sie über die Straße.

Der Tag beginnt
mit Nachrichten,
Banküberfall, Geiselnahme,
Militärputsch.
Ich schenke mir
eine Handvoll Hoffnung,
ich mache den ersten
ungeduldigen Atemzug
in andere Umstände.

Fluchtweg

Ich schleich mich zwischen Ängsten,
zwischen Behauptungen und Verboten durch.
Ich klettere über fallengelassene Gnadenakte,
da spuck und pfeif ich heimlich drauf.
Ich springe durch offenstehende Fragen
und winde mich endlich wütend und winzig
durch das gutgeölte Schnappschloß
meines Überichs. Ich komme durch,
ich komme durch und renne los, renne
mit neuem Mut und laß all das engstirnige,
all das hoffnungslos vernüftige Trara
immer weiter hinter mir zurück.

DETLEV BLOCK

Sichtweise

Daß einmal
alles aus sein wird –
Augenblicke gibt es,
da tut es wohl.

Vor dem Zeitpunkt
aussteigen zu können –
sich mit diesem Gedanken
insgeheim zu rüsten,

mobilisiert
unbändige Kräfte,
es noch einmal
mit dem Leben zu wagen.

HANS GEORG BULLA

Kleine Hoffnung

Aus meiner Hand liest du's nicht
und auch in den Karten ist's
nicht mehr zu finden.

Weg mit dem Blindenstock, mit
der hilflosen Armbinde, der
Kaffeesatz weiß nichts.

Wir sind nicht mehr leer.
Die Arme sind voll mit den neuen
Tagen, die auf uns warten.

UWE-MICHAEL GUTZSCHHAHN

Hier sind wir

Hier sind wir noch immer
mit flacherem Atem und schwereren Schritten
hier sind wir mit dem geborstenen Flügel
die Federn seit Jahren im Schrank
wir kommen noch einmal: Verschwendung der Farben
wir kommen wir kommen und was wir zeigen
(auch wenn wir nicht fliegen) es ist
nicht zu leugnen und wird nicht vergessen
mit uns ist zu rechnen

Begegnungen

MANFRED CHOBOT

christ-kinder

wie kinder zu weihnachten
in die auslagen schauen
haben wir zwei dem kind
zugeschaut
hand in hand
wenn eine glasscheibe
dazwischen gewesen wäre
hätten wir uns die nasen
daran plattgedrückt

INGE MEIDINGER-GEISE

Zeichen

Sie sah nicht,
daß ich es sah:
Wie sie den Finger
über die Fensterscheiben gleiten ließ,
der Zug fuhr schnell,
es hatte geregnet.
Sie malte
ein lachendes Mondgesicht.
Dann
als der Schaffner kam
zeigte sie lässig
ihre Fahrkarte.
Eine alte Dame
mit strengem Mund.

ANGELA PIETRZIK

Maria

Maria ist irr.
Sagen alle im Dorf.
Sie redet Staub in
die Luft und Salz
ins Meer. Sie lebt
allein als Witwe.
Sie geht ins Cafenion
zu den Männern,
trinkt Raki und be-
schimpft die Dorf-
ältesten. Sie läuft
nachts durch die
Olivenhaine mit
einem Huhn im Arm
und sucht das Grab
ihrer Tochter.
Sie geht nicht zur
Kirche.
Auch Sonntags, Ostern
und Weihnachten nicht.
Sie ist besessen,
sagen einige Leute
und beschützen sie
auf ihre Weise:
lassen sie.
Sie gehört ins Dorf.
Ich habe sie getroffen,
als ich im Schatten eines
Ölbaums malte.
Sie guckte mir lange zu.
Dann flatterte, lief,
sprang, schwebte sie
davon, als würde sie
tanzen.

HANS GEORG BULLA

Schäfergeschichte

Vor meinem Fenster läßt sich ein Schäfer mit
seiner Herde nieder. Es ist nicht zu glauben.
Abends treibt er seine Schafe in das große
Hürdenrechteck. Am Sonntagmorgen sehe ich,
wie der Schäfer langsam in die Hürde einsteigt,
um sich sein Lieblingslamm zu greifen.
An dieser Stelle wächst jetzt eine rote
Mohnblume.

In Erinnerung an ein Lied von Peter Horton
mit dem wundersamen Titel

Ode an das Leben und gegen den Selbstmord

Herr H. . ., Sie fragen nach dem Preis
und ob es lohnt, sich selbst zu töten
und Sie versäumen nicht
von eigner Schuld zu flöten
Ich will Sie fragen, ob Sie selber in der Lage sind
sich so verletzt zu fühlen wie ein Kind
und ob Sie nicht begreifen, daß es eine Freiheit gibt
die über Ihrem eignen, simplen Anspruch liegt
Des Menschen einz'ge Freiheit für sich selber nur
Er kann die Art, zu sterben wählen und die Uhr
Es ist doch Ihre Freiheit auch, aus vielen Gründen
das Leben schön und lebenswert zu finden
Und wenn Sie glücklich sind, so ist das schön und richtig
jedoch für manchen andern Menschen völlig nichtig
weil der nicht tragen will, was Sie so glücklich macht
weil es auch Sehnsucht gibt nach Dunkelheit und Nacht
Und Eva stört Ihr blödes Lied nun Gott sei Dank nicht mehr
weil sie es vorzog, Leute sich zu sparn wie Sie, mein Herr.

ALFRED MIERSCH

Blues for one person

Es gäbe verschiedene Möglichkeiten
an diesem grauen trüben Herbsttag
das Kind zu erwähnen
das als einziges
auf dem Spielplatz ist
und mit seinem grellgrünen Anorak
auf der Schaukel sitzt

Es ließe sich bestimmt
einiges Symbolische
zur traurigen Weltlage
anknüpfen
oder Selbstmitleid verstreuen
wenn ich auch noch
auf die ständig fallenden
Blätter anspiele

aber
da ist eigentlich nichts
als dieses Kind
auf der Schaukel
an einem trüben Herbsttag

KATRINE VON HUTTEN

Angela

Sie erzählt so toll
von ihrer abgebrochenen Ausbildung
von ihrer kaputten Ehe
dem daneben gegangenen Sprung in den Tod
der liegengebliebenen Doktorarbeit
und dem Bankrott auf der ganzen Linie
daß ich ganz neidisch werde
auf so perfekte Reinfälle,
Kunstwerke ganz eigener Art.

MANFRED HAUSIN

zauberhubert

unversehens tritt er
aus zugigen hauseingängen
oder wartet an straßenecken
in seinem filzigen mantel
am hals den pelzigen schal
wie einen hund bei fuß
seinen hut

eilige und frierende
passanten hält er auf
zaubert jedem
ein stückchen frühling
in die hand
in die einkaufstasche
oder ins gesicht

wer öffnet da nicht
sein herz
und seinen geldbeutel

ANNO FRANK LEVEN

Überraschender Besuch

Die Sonne sitzt neben mir
und erzählt schöne Dinge.
Ich wollte mal kurz reinschauen,
begrüßte sie mich.
Nun flegeln wir uns hier in den Sesseln
und trinken bei der Hitze Mineralwasser.
Ich könnte ihr stundenlang zuhören.

Sie erzählt mir gerade von einer Begebenheit,
die in der Nähe passierte.
Wir lachen.
Ich gieße noch mal Mineralwasser nach
und freue mich über den Wind,
der jetzt aufkommt.
Der Wind tut gut, sagt sie,
sonst wäre es zu drückend.
Wir schauen nach draußen.
Es ist ein herrlicher Tag.

Als ich ihr Salzstangen anbiete,
winkt sie ab.
Ich muß gehen, sagt sie.

Wir stehen auf,
und ich begleite sie bis ans Fenster.
Beim Abschied klopft sie mir auf die Schultern.
Ich sehe ihr lange nach.

RITA GERLACH

auf dem deich
hab ich ein stelldichein
mit dem orkan

im radio ist es angesagt

ein loch in der jacke
schlüpf herein bruder wind
ich schwing mich mit dir
ins irgendwohin

die roten wolken
werden wir erreichen
und fliegen will ich
über alle dächer dieser welt
dann endlich werde ich begreifen
daß ich es bin
die mich gefangenhält

GEORG-OSWALD COTT

das Gleichgewicht halten
ist ohnehin schwer
für einen allein

wie aber kommt es
daß einer den Nächsten
huckepack nimmt

und noch die Hand reicht
einen Dritten zu stützen.

SUSANNE HENNEMANN

Ein Mensch

Da findet man einen Menschen
der ein Mensch ist
ein Mensch bleibt
und die Menschen für Menschen hält
weil er ein Mensch ist
Unfaßbar
so ein Mensch

FRIEDEL THIEKÖTTER

mit deinem Haar
fängst du den Wind
der weht
von Ufer zu Ufer
ich komme heran:
uns wachsen die Haare zusammen
und die Worte verbünden sich

ELFI HARTENSTEIN

Leises Wort

Ich weiß gar nicht
wie ich's dir sagen soll
die Sonne schien so warm heute
und die Menschen gingen mit offenen Mänteln
alle hatten dieses gewisse
Lächeln im Gesicht und
auf dem Bürgersteig
lag ein schwarzer Hund
um den mußte ich einen
großen Bogen machen
du
kennst ja meine
Angst vor Hunden
aber ich habe ihm in die
Augen gesehen und er
schien zu lächeln
voll Verständnis für mein
klopfendes Herz
hast du
gehört was ich dir
sagen wollte?

CHRISTINE HAIDEGGER

Hinterhof

Jemand
überwindet
die Trauer

Jemand
überschreitet
die Grenze

Jemand
belächelt
den Tod

Sing weiter
Kind

WERNER DÜRRSON

ERST IM WAHNSINN
dämmerte ihm
das Menschenmögliche

fühlte er sich
besonders bei Anfällen
ungemein wohl und
gehoben

wollte er auf der Straße
alle Menschen umarmen
und küssen

die Mauern hochklettern
singen
freut euch ihr Himmel
die Welt ist verklärt

Da schau her

Da schau her
wie der herschaut
als wüßt er von mir
was ich selbst nicht weiß
Schaut mich an
als wüßte er
wer ich bin
Ob ich ihn frage

Mitternacht vorüber

Eine schrift, niedergebogen zur erde

Siebzehn sei sie Und warum der mensch geboren werde
in dieses Leben Und wenn auch der dichter

ihr's nicht sagen könne, wenn
auch er nicht, dann –

Was weiß er denn?

Daß ein gutes gedicht warten kann

Doch wie von diesem wissen abgeben, wie
abgeben davon

Notwendig

Notwendig daß es ihn gibt
der dich hereinläßt
und holt einen Stuhl
aus dem Nebenzimmer
ein kleines Sofa
als ob er wüßte
wie lange du rumläufst
und wo du schon warst
er legt seine Jacke
dir über die Schultern
eine wollene Decke

Notwendig daß es ihn gibt
der dich nicht ausfragt
und verlangt keine Ausweispapiere
als ob er selber mal
rumgelaufen wäre
nachts ohne Namen

In eigener Sache

GISELA SCHALK

Tief in meiner Mitte

Komisches, kleines
Glück, du
Tief in meiner Mitte
Sphinxisch lächelnd
Wie eine Mutter am
Weihnachtsabend
Rund und knackig
Wie ein grüner Apfel
Leuchtend
Wie ein Glühwürmchen.
Wärmst von innen
Schubst mich weiter
Wenn ich nicht mehr mag
Und flüsterst mir
Ständig zu
Wird schon gehen
Wird schon gutgehen!

KAROLA DREWS

wichtig

meine zeit des nichtstuns
ist eine zeit auf dem
weg hin zum tun
noch stehe ich
ganz am anfang
aber immerhin
ich stehe – ganz
und ich bin
am anfang

GERHILD MICHEL

Zufälle

Nebenbei zähle ich
Straßenlaternen
versuche
nicht auf die Striche
der Pflastersteine
zu treten gebe
dem Zufall Bedeutung
und gewinne zusehends
an Sicherheit
oder Unsicherheit
je nachdem
mit welchem Bein
ich aufgestanden bin

SUSANNE HENNEMANN

Unter meinen geschlossenen Lidern

Ich wandere über die Dächer
lasse mich fallen
in den Gleitflug des Schweigens
hänge lautlose Worte
in den Wind der Nacht
Wie es hell wird
unter meinen geschlossenen Lidern

Vertont von E.R. Barthel

ANGI DOMDEY*

Ich hab eine große Sehnsucht

Ich hab eine große Sehnsucht
ich sehn mich so nach MIR
Ich hab eine große Sehnsucht
ich sehn mich so nach mir
Ich habe mich verloren
du hast mich mir genommen
mit deiner Auslöschpolitik

Ich hab eine große Sehnsucht
ich sehn mich so nach MIR
Ich hab eine große Sehnsucht
ich sehn mich so nach mir
Ich freu mich auf mein Lachen
ich freu mich auf meine Ideen
Ich freu mich auf meine Phantasie

Ich hab eine große Hoffnung
und diese Hoffnung die bin Ich
Ich hab eine große Hoffnung
und diese Hoffnung bin ich
Ich hätt' mich dir geschenkt
das war nicht mein Problem
Ich wollte aber mit dir wachsen
und nicht an dir untergehn

Ich hab eine große Sehnsucht
und diese Sehnsucht bin ich
Ich hab eine große Sehnsucht
und diese Sehnsucht bin ich
Ich freu mich auf mein Lachen
ich freu mich auf meine Ideen
Ich freu mich auf meine Phantasie

* Text + Musik: Angi Domdey (›Feuerball‹-[Schneewittchen] Philips Best.-Nr. 6305 418)

HANS KRUPPA

In eigener Sache

Ich nehme mein Leben
in die Hand.
Leicht ist es
und gut zu fühlen.

Zeit gilt nicht,
wenn alles lauscht
und nur der Atem geht
wie leichter Wind durchs Gras.

Ich schaue hoch.

Wer ich bin,
ist nicht zu sagen;
ich mache mir
keinen Vers auf mich;
kein Wort ist so grün
wie die Blätter der Bäume.

Ich bleibe auf dem Teppich
meiner Möglichkeiten
und hoffe,
daß er fliegen lernt.

HEINER FELDHOFF

Wochenplan
(für Wolfgang Bächler)

Sonntags bei Kaffee und Kuchen
brüte ich über brotloser Kunst.
Montags kümmere ich mich
um ungelegte Eier
und zwinge blinde Hühner
zu ihrem Glück. Dienstags
predige ich tauben Ohren,
werfe Perlen vor die Säue
und kaufe sackweise Katzen.
Mittwochs stürm ich ins Fundbüro,
nehme drei Zeitstufen auf einmal
und streite um eines Kaisers Bart.
Tags darauf tanze ich allen entgegen
dem autoritären Uhrzeigersinn.
Am Freitag erhitze ich einen Stein
und trockne auf ihm zwölf Tropfen
stündlich, während ich unterdessen
Sekundenbruchteile kitte.
So spare ich unermeßlich.
Am Wochenende mache ich
mit der totgeschlagenen Zeit
und abgestorbenen Buchstaben
Wiederbelebungsversuche.
Denn das Zwecklose
hat mich schon immer gereizt.

HEIKE KRAFT

Wider die Grämlichkeit

Bitternis, Mandelsäure, ätzend,
mach aus meinem Herz dich fort!
Hab genug davon. Schluß nun mit
verbohrter Qual. Will mehr, viel
mehr, als nur Sorge, Grämliches!

Möchte Mandelsüße wie Marzipan –
und weiß, ich krieg's. Denn eins
gehört zum andern, beides birgt
der eine Kern – welch Geschmack
mich reizt, darauf kommt es an!

Fest steht: Ich kann bestimmen,
wie die Mixtur des Seins gerät,
meines zumindestens. Ob Jammern,
ewiges, mein Leben trübe färbt –
oder, ob's von Freude hell ist!

BIRGIT RABISCH

Glücklich sein

meine Trauer
findet
schwarze Worte

Meine Verzweiflung
sucht sich
Wundenbilder

Mein Haß
schießt
mit galliger Waffe

Doch wie
mein Glück
schreiben?

mit Frühlingswärme?
mit Wintersonne?
vielleicht als Vulkan?
vielleicht als Lied?
lieber rotglühend?
lieber pastell?
im Tagtraum?
im Nachtrausch?

und dann
ist es mir auch noch
so
so
egal

wenn ich es nur
bin
glücklich

FRITZ DEPPERT

Wasser abschlagen

Kinder mit verbranntem Gesicht,
Gefangene in Stehzellen in Kot erstickt,
ich übersehe sie nicht.
Aber
ich sehe nicht ein,
warum ich nicht
von Kinderspielen im Sandkasten sprechen soll
und von dem blühenden Kirschbaum
im Vorgarten zehn Schritte nach der Straßenkreuzung.
Ich bleibe stehn
und sehe dem Baum beim Blühen zu,
ich zeige den Kindern,
wie man Sandkuchen backt,
wenn ich eine Amsel höre, pfeife ich zurück.
Pistolen auf die Brust
und Knüppel zwischen die Beine
schmeiß ich in den Gully,
pisse hinterher und
freu mich über das Geräusch.

LISA WILCKE

Geb. im Winter
lieb ich den Sommer
trag den Kopf oben
schau geradeaus
wenn es am Wegrand
nichts zu sehen gibt
Bereue nichts
aus meinen dreißig Jahren
und warte auf die nächsten
voller Neugier

Die heißen Nächte
sind abgeflaut
Vergangenheit
wird vorzeitig grau
und Zukunft
jünger denn je
Morgen
ist gestern
wie heute
und
wertvoller
waren die Tage
noch nie

Ich kümmere mich nicht
um meine Rentenversicherung
und finde
daß der liebe Gott
kein guter Mann ist
Auf jeden Fall
ist die Miete für
diesen Monat gezahlt
hier auf Erden

THOMAS ERWIN

Ernste Spielerei

Früher
habe ich Ausrufezeichen geglaubt
dann
habe ich einen Punkt gesetzt
jetzt
liebe ich Fragezeichen
Ausrufezeichen

Dies jetzt ist Leben

Dies jetzt ist Leben.

Wieder
mit überzogenem Konto
den Monat beginnen.

Dies jetzt ist Leben.

Mit kaputten Zähnen
sprechen
und lachen müssen.

Dies jetzt ist Leben.

Die Tage sind zu
wie die hundertjährige Allee
in der Perspektive.

Dies jetzt ist Leben.

Was du dennoch leistest,
wird dennoch
nicht registriert.

Dies jetzt ist Leben.

PS: Die Nachzahlung kommt.
Der Zahnarzt ist dein Freund.
Die Termine lösen sich auf.
Einer sieht dich.

Dies jetzt ist Leben.

HEIKE KRAFT

Ich mag die Zeiten dazwischen

Ich mag die Zeiten dazwischen.
Gut geht's zum Beispiel
nach der grauen Matsche
vor den Märzentagen,
wenn der Wind pfeifend sich
durchs Schlüsselloch wagt.

Kostbar sind die Minuten vor
dem Ade-Sagen an Träume
früh – oder um Mitternacht
beim Abschiednehmen vom Tag,
dann wächst aus Sekunden
unendlich währende Zeit.

Zum schönsten zählt die Fahrt,
der Plan für das Kommende,
die Erinnerung an Thymian,
Hitzestaub – letzten Sommer.
Ich mag die Zeiten dazwischen,
denn da bin ich ganz ich.

HANS KRUPPA

Zuhause

Das Leben selbst
macht mich lächeln
mit seiner frohen Kraft,
und keine noch so kalte,
noch so falsche Wirklichkeit
kann mich daran hindern,
glücklich zu sein
und zuhause in mir.

Berufliches

HANS ULRICH HIRSCHFELDER

Instant Poetry

Bei meinem letzten Einkauf
nahm ich eine Buchstaben-
suppe mit, sofort löslich,
das ist lustig und nicht nur
für Kinder. Ich bereitete
sie nach Anweisung zu,
das Alphabet schwamm
in meinem Teller herum,
und ich wartete – aber
es kam nichts bei heraus, außer
daß die Suppe kalt wurde. Und ich
hatte schon gedacht, ich
könnte der erste moderne Dichter
werden, der sich seine Gedichte,
zack!, aus der Dose gabelt,
sofort lesbar, und auf der Bühne
langsam kauend vorträgt.

ARNFRIED ASTEL

Mit dem abgewetzten Ring
meines Großvaters am Finger
mit dem blauen Lapislazuli
kann ich besser dichten kann ich
besser denken ich sei ein Dichter
und im Ringumdrehen bin ich einer.

Einakter

Der Arbeitstag ist ein Einakter
sie geben ihn fünfmal die Woche
außer drüben auf der Howaldt-Werft
da stellen sie auch an Sonn- und Feiertagen
Werktage her

Meine Rolle: Zeitungen lesen
bad news archivieren
mit Schwerpunkt Ökonomie

Ort der Handlung: eine Mansarde
die einst das Klo der Dienerschaft
Seiner Majestät des Kaisers war
wenn er nach Kiel zur Kieler Woche kam

Heute total modernisiert
Teppichboden Neonleuchte
sogar ein Thermostat und über der Heizung
im Rahmen des Veluxfensters
ein Noldehimmel den gerade
ein Starfighter signiert

MANFRED HAUSIN

verweigerung

ich habe verweigert den dienst
für das vaterland
für die muttersprache
arbeite ich gern

Vorsätze und Vorschläge

HANS-CURT FLEMMING

vorschlag für meine grabinschrift

gelebt
hat er nur
die Zeit
die er sich
genommen hat

Und wenn du dein Leben verändern
willst, geh
einfach den Weg der Angst, der führt
am weitesten. Er geht
über die Idiotie. Und wenn du nicht
weiter weißt,
frag weiter. Was mensch nicht kann,
das verbindet.
Jeder hat dein Tabu. Sprich davon
zuerst.
Innenleben muß ins Außenleben, damit
sie wissen,
wer du bist – und du wer sie.

Erst mit Querköpfen wird aus den Längsköpfen
ein Muster. Sag dem Konflikt, daß du kommst.
Nimm die Klage aus dem Mund in deine Hände.

Und wenn du den Mann auf der Straße
erreichen
willst, wende dich an den Menschen
in deiner
Straße. Mensch kann zwar weit denken
aber nur nah
fühlen. Kämpf nicht gegen die andern
kämpf um
sie. Und wenn du abstehende Ohren hast
laß sie
solange an deinem Gesicht zerren bis du
grinsen
mußt.

JÜRGEN VÖLKERT-MARTEN

Das Einfache ist kompliziert

Das Einfache ist kompliziert,
das Komplizierte ist einfach:
mit diesem Widerspruch leben wir,
doch:
laß uns unsere Träume leben,
rücksichtslos,
laß uns nach vorn träumen,
auch wenn wir vielleicht
nie dort ankommen.
Laß uns die Fäden,
an denen unser Leben hängt,
für die uns mögliche Zeit
zusammenknüpfen, so werden
sie um das Doppelte stärker.

WOLFGANG KÖRNER

Vielleicht ist Glück

Vielleicht ist Glück
Das Gefühl
wenn man gerade mal wieder
alle Schulden bezahlt hat
Vielleicht
Der Moment
wo das Abschleppfahrzeug
den Autoschrott auflädt
in dem man noch eine Stunde zuvor
über die Autobahn fuhr
Vielleicht ist Glück
wenn das viel zu dünne Eis
den Schlittschuhläufer trägt
wenn das viel zu große Flugzeug
sicher auf der Erde landet
und eine Liebe
trotz viel zu viel Streit
noch immer dauert
UND DER TAUCHER FRIEDRICH SCHILLER
WIDERLEGT
sich nicht mehr um den goldenen Becher kümmert
als ihm die Luft auszugehen beginnt
UND AUCH BEIM DRITTEN MAL
WIEDER HOCH KOMMT

ROSWITHA SCHNEIDER

erkenntnis
ist zwar oft
mit schmerz verbunden

aber schmerz
nicht immer
mit erkenntnis

wozu also nur leiden

VOR SCHLAG

im neuen jahr will ich

ins volle greifen
und zur rechten zeit wieder
loslassen

in die röhre gucken
und am anderen ende
licht sehen

des teufels großmutter
huckepack
durch den park tragen

mich einlassen
andere einlassen
konsequenter lieben

HEINER FELDHOFF

Klartext

Wer sich fürchtet
nachts vor dem Einbruch
der Dunkelheit,
wen die Dunkelziffer
verhinderter Frühgottesdienstbesucher
in Unruhe versetzt,
wen die Entwicklung in Dunkelkammern
eine langjährige Angstzeit voraussehen läßt,
wessen Knie in dunklen Anzügen weich werden,
wen die stete Sorge um das Wohl der Seinen
in dunkle Geschäfte verwickelt,
wem die Verhältnisse in dunklen Erdteilen
Anlaß zu heller Empörung werden –
sollte derselbe sich damit aufhalten,
dunkle Gedichte zu lesen,
sie zu enträtseln, zu dechiffrieren,
ihre Symbole zu deuten,
sie gar auswendig zu lernen
und sie in dunklen Wäldern
im Herbst zur Zeit der Entlaubung
aufgeklärt vor sich herzuraunen?

Ich aber, wer das auch sei,
rufe euch zu: Fürchtet euch nicht!
Mehr Dunkelheit! sei unsere Parole.
Mehr Stille in unserem Land,
mehr unbekannte Größen!
Wechseln wir weniger Geld,
dafür mehr Worte,

langsam Satz um Satz,
tauschen wir die Lichtgeschwindigkeit
der restdeutschen Supermark

und der Nonstop-Non-Food-Entsorgung
gegen die schleppende,
schwerfällige Geheimniskrämerei,
nutzen wir alle Verdunkelungschancen,
schützen wir uns grundgesetzlich
vor der Strahlkraft und dem Scheinwerferlicht,
schauen wir datenlos zu,
wenn sich die schreiende Mehrheit
hellauf begeistert.
                    Denn das Leben
entsteht im Verborgenen.

MANFRED HAUSIN

die kündigung des schneemanns

so kann es nicht weitergehn
schon läuft das wasser
in rinnsalen unter der tür hervor
meine frau scheuert
und wischt den ganzen tag
zieglers die unter uns wohnen
haben mich in meinem entschluß bestärkt
an ihrer wohnzimmerdecke
werden flecken sichtbar
wenn ich an seiner tür vorbeigehe
höre ich ab und zu einen dumpfen fall
kohle nach kohle fällt zu boden
hoffentlich nimmt er den topf
nachts von seinem kopf
wir alle brauchen unseren schlaf
nichts kann mich umstimmen
zum frühlingsanfang werde ich ihm kündigen

INGEBORG HABERKORN

Zum Trotz

Frei ist der Stuhl
neben mir in der Reihe
mein Liebster sitzt
ganz hinten links neben
der blöden Kuh der dummen
Zicke Schimpfwörter
wüßt ich noch mehr
ich brems mich Ärger
schadet der Schönheit beinah
kriecht er in sie hinein
er winkt mir ich soll mich
zu ihnen setzen der Stuhl
neben mir ist immer noch
frei da setzt sich ein andrer
freundlich darauf und wieder
hab ich beschlossen
zu leben und morgen
gehe ich zum Friseur

GEORG-OSWALD COTT

Heute
ist wieder ein Tag
wo ein Gedicht nottut

ein Gedicht
in dem Zärtlichkeit vorkommt
oder Eisessengehen
oder einfach nur: nah sein

vielleicht sollte ich
kleine Schritte üben
und dich verstohlen
im Auge behalten
unmerklich
die Richtung ändern
damit es wie Zufall aussieht
wenn wir uns treffen.

HANS KRUPPA

Überlegungen

Einer, der so lachen kann wie du,
sollte eine Sprache erfinden,
die alle Welt versteht.

Einer, der so weinen kann wie du,
sollte allabendlich im Fernsehen
die Nachrichten verlesen.

Einer, der so schweigen kann wie du,
sollte den Mund
nur noch zum Küssen öffnen.

Einer, der so leiden kann wie du,
sollte Mutter Erde um Verzeihung bitten
für die Zerstörungswut der Menschenkinder.

Einer, der so lieben kann wie du,
sollte immer dort sein,
wo die Angst am größten ist.

Paare, Paarungen

Paarungen

Deine goldene rede
mein geschenktes maul

mein spielzeugelefant
deine porzellankiste

deine hitze dein durst
mein geschmolzenes eis

meine schwere erde
deine flugbahn

deine sonnen
mein blattgrün

meine offene haut
deine hände

dein mein
mein dein

HANS-CURT FLEMMING

winterliebesgedicht

weilessokaltist
ziehensichdiewörterzusammen
aufdempapier
undwir
rückenauchganznah
zusammen
dannkönnenwiruns
liebenundwärmen

winterdukannstunsmal

MANFRED HAUSIN

im park

blumen und bäume
haben lateinische namen
auch unsre körper
sind pures latein
laß uns auf deine bude
gehn und vokabeln lernen

KURT MARTI

lustsubjekt

überstrahlst
die gewohnte
prosa
der triebe
o rösi
du monte
rosa
der liebe:
mir wässert
der mund
nach deinen
rund
hundert
rosigen pfund

UWE-MICHAEL GUTZSCHHAHN

Liebesgedicht (3. Teil)

Ich rief: Hier kannst du bleiben
ich nenne dich Julia und morgen vielleicht Mignon
was spielt das für eine Rolle solange du hier bist
mit Haut und den zottigen Haaren
ich hab dich im Winter mit Eisbären verglichen
die durch den Schnee kamen gierig und frierend
und blieben mit tauendem Fell
für den Sommer find ich ein anderes Wort
es wird dich freuen wenn ich zum Beispiel sag
Singvogel und rufe nach dir über den Hof

HANS KRUPPA

Sogar im Schlaf

Du schläfst.
Ich lieg schon
lange neben dir.
Mein Körper,
bis in die Zehenspitzen
aufgeladen vom Glücksstrom
unserer Umarmung,
schenkt mir zuviel Genuß
als daß ich schlafen könnte.

Was wäre,
wenn du gingst,
frag ich mich,
und du gibst
mir prompt Antwort,
als spürtest du
meine Gedanken
sogar im Schlaf:

dein Fuß kriecht
unter meine Decke
und streichelt zärtlich
über meine Wade.

FREDERIKE FREI

Aufwachen

Deine wachen Hände schlafen
schon mit meiner
Haut

wenn sie noch
von ihnen
träumt

HANS-CURT FLEMMING

konspirativ

unsere münder
reden noch
von distanz
während unsere hände
geheimverhandlungen führen
über berührungen

unversehens
fühlen sich
unsere lippen

Etwas wie Liebe

CHRISTOPH HAVERS

Etwas wie Liebe

Ich spüre
es wächst etwas in mir
etwas, das lange niedergetreten war
wächst und wächst
etwas wie
          liebe

schau nur, die solange
totplanierten wünsche
schießen ins kraut!
wie alles duftet und blüht
                              in mir

ach, ich bin zugewachsen
von innen
bis an den rand
mir wird so eng
krieg keine luft
droh zu ersticken

da kommst du
öffnest zart meine lippen
horch, wie es tief von unten
ins freie zischt!
gestaute, gefangene luft
und abermals luft
bis ich ganz leer bin
und atmen kann, atmen
etwas von dir
etwas wie
          liebe

ROSWITHA SCHNEIDER

wie unheimlich groß es ist
ich staune
weil ich eher
aus kleinen verhältnissen komme

bins nicht gewohnt
das pulsen und strömen
um mich herum

hoffentlich
verlaufe ich mich nicht
in deinem herzen

NEULAND

Die großen Spaziergänge

Die großen spaziergänge, auf denen wir
nicht ins leere greifen

Immer geht die hand des andern mit

FRITZ DEPPERT

Zärtlichkeit

Ich zögere, es zu schreiben:
deine Liebe ist von größerer Bedeutung
als die Skyline von Frankfurt am Main,
deine Liebe ist von größerer Bedeutung
als die Schlagzeilen
von gestern, heute, morgen.
Aber
auf dem Weg deiner Hand zu meiner Hand
müssen wir Widerstand leisten.

Öffentliche Zwangsjacken, geheime Halseisen.
Frei davon
existieren wir ohne Zögern,
du in mir,
ich in dir.
Deine Liebe ist von größerer Bedeutung
als die Angst
vorm nächsten Tag.

HANS-CURT FLEMMING

nach deinem besuch

die tasse
aus der du getrunken hast
ist abgewaschen
und dein besteck
liegt wieder in der
schublade

die wohnung sieht aus
als wärst du nicht
hier gewesen aber
ich spüre dich
überall

KATRINE VON HUTTEN

Das Beste von der Welt

Oder ich hab noch nie was Besseres erlebt.
Das beste Essen der schönste Film
das schönste Buch die schönste Aussicht
verlieren an Freude, an Farbe und Lebendigkeit
wenn es mit dir so gut ist daß
etwas in mir, etwas ganz Wichtiges
aus mir herauskommt, sich aufmacht
und sich verschwistert mit dem Schrank
dem Bett dem Blumenstrauß und dir
und ich dadurch endlich
und für eine Zeitlang endgültig
zu einem Teil werde von Allem rings herum.

ANNETTE GRÜSCHOW

Nachklang

Aus den Augen
in den Sinn
in mein Blut
vom Bauch bis in die Fingerspitzen
in den Atem
in mein Weinen
und ins Lachen
vom Tag in die Nacht
bis zum Erwachen
und dann
ins Schweigen.

HANS KRUPPA

Berührung

Dein Lächeln tanzt
mit meinen Mundwinkeln
Entzücken,
und deine Hände legen
sich auf meine Haut
wie ein ganz leichter Vogel,
der sich vor Übermut
in einen Abendtraum verfliegt,
mit Flügeln aus Kerzenlicht.

RONALD GLOMB

Sommer und Liebe

Ein Blick in den Spiegel
und zwei dazwischen gestreut
Wie Blumen schön siehst du aus
Dein moosgrüner Blick
und der warme weiche
Mund mit dem Kuß von
Tagen so heiß wie ein
Sommer in Key Largo
Und wenn ich jetzt
beginnen sollte deine
Gedanken zu lesen und
du machst eine dieser
typischen Handbewegungen
wie bei Was-bin-ich
käme ich aus dem Raten
gar nicht mehr heraus

WOLFGANG WEYRAUCH

Die Flöte

ich atme ein
ich höre
die Flöte
in der Nacht
das Fischlein zappelt dran
ein Mädchen
wandert längs
im Hemd
barfuß
ich liebe das Mädchen
die Füße
das Hemd
die Haut drunter
die Flöte
das Fischlein zappelt dran
ich weiß
das ist gut
das ist schön
ich werde es
mitteilen
ich atme aus

INGEBORG HABERKORN

Ausblick

Ich sank
sank tief
tief und sanft
auf den Grund
mit geschlossenen Augen
starb meinen Tod
im Vorgriff
spürte schon
die Schaufeln Erde
das welke Laub
ohne den Wunsch
einen Widerstand
über mich zu wölben

Sanft gewiegt
fand ich mich wieder
in der Hängematte
deiner Güte
ausgespannt
zwischen Pflicht und Gefühl
zwischen Liebe und Tod

Ja wirklich
so stark
waren die Pfosten

Ohne den Versuch
einen Widerstand
über mich zu wölben
fand ich Vertrauen
zu den sanften Händen

Ausgespannt
freigestreichelt
von Erde und Laub
in Güte gewiegt
reiß ich die Augen
noch einmal auf
und blicke mich um

REINER KUNZE

Liegesgedicht nach dem Start
oder
Mit dir im selben Flugzeug

Sieh den schatten auf der erde den winzigen schatten der
mit uns fliegt

So bleibt die größte unserer ängste
unter uns zurück

Nie ist die wahrscheinlichkeit geringer daß der eine
viel früher als der andere stirbt

HANS-CURT FLEMMING

liebesgedicht

morgens aufwachen
und du bist da
deine warme haut
spüren mit meiner
und dich streicheln:

die pläne für einen
ganzen vormittag
lösen sich auf

REINER KUNZE

Auf dich im blauen Mantel
(für Elisabeth)

Von neuem lese ich von vorn
die häuserzeile suche

dich das blaue komma das
sinn gibt

Wunschzettel

DIETER KLINK

Wunsch

Einen Fesselballon abfülln
Mit der Zufriedenheit
Eines einzigen Menschen
Und raufjagen ins Blau
Damit die Sonne oben weiß
Daß sie unten wenigstens einmal
Verstanden wurde...

MANFRED HAUSIN

vermutung

ich wünsche mir daß mein tod
in einem paket mit der post kommt
dann werde ich ihm ein schnippchen schlagen
und die annahme verweigern

ungeöffnet wird das paket
an den absender zurückgehn es sei denn
der wurde nicht angegeben
dann wird vermutlich meine neugier siegen

Wenn ich noch einmal in den Stadtpark dürfte

Ich würde
an den Baumrinden riechen
und an den Grashalmen kauen,
barfüßig würde ich
um ein Tulpenbeet tanzen,
einen Kiesel mir suchen vom
frisch geharkten Weg,
ihn aufbewahren unter der Zunge
wie einen Schatz,
mit der alten Buche
eine Wette abschließen um ihn
und sie heimlich gewinnen lassen
aus Sympathie
mit dem Schwächeren,
in den Hecken verstecken
würde ich mich
und mit Bucheckern schießen,
der Trauerweide
Zoten zuflüstern bis die
Astlöcher kichern
und die Wurzeln sich kringeln, aber
ich glaube die lassen mich nie.

HANS KRUPPA

Herzenswunsch

Von einem
magischen Trampolin
mit einem Jauchzer
hoch in die Lüfte springen

in die Arme
einer Liebesgöttin
nach meinem Geschmack

und mit ihr
im Wolkenbett
Himmel und Erde
von Herzen
durcheinanderbringen.

UWE-MICHAEL GUTZSCHHAHN

Leicht sein

Willst du nicht
manchmal ganz leicht sein
die Wegstrecken überfliegen
als wäre es gar nichts
bloß so ein Windhauch genügt
und du läßt dich treiben

WOLFGANG KÖRNER

Das wünsch ich mir

Das wünsch ich mir:
Allen Menschen begegnen zu können
mit derselben Freundlichkeit
Alle Gegenstände benutzen zu können
die ich zum Leben wirklich benötige
Dazu noch die Fähigkeit
von Menschen und Sachen
gelassen Abschied zu nehmen
wenn die Zeit dafür gekommen ist
Das wünsch ich mir:
So mein Leben lang
Niemanden hassend
von niemandem gehaßt
schätzend und liebend
was man nicht besitzen kann:
Das helle Licht am frühen Morgen
Das sanfte Licht der Dämmerung
Das Lächeln eines Mädchens
dem ein Schneidezahn fehlt
Die Musik von einer alten Schallplatte
die lange in der Sonne gelegen hat
Glaube mir
da ist nicht mehr
aber was ist
ist ungemein viel
Bis dann
immer viel zu früh
der ganz große Abschied kommt
für den ich übe
und übe
und ü

HANS-CURT FLEMMING

glück

sich zurücklegen
die augen schließen
den mund leicht spitzen
und darauf warten
geküßt zu werden

und dann
geküßt werden

MANFRED HAUSIN

lebensstellung

ich drücke
unsrer liebe die daumen
das ist
eine lebensstellung

Trost in zehntausend Metern Höhe

Die erde ist uns sicher

Nur ist die erde
nicht sicher

Doch sollte sie sich auflösen
in unserer abwesenheit, könnten wir,
der schwerkraft ledig,

gleich weiterfliegen

RITA GERLACH

einkaufszettel

wenn du morgen wiederkommst
bring doch bitte noch was mit:

unsre träume sind uns ausgegangen
es muß in diesem jahr geschehen sein
denkst du noch an die satte wiese
und wie sie roch im sonnenschein?
ein düsenjäger hat mit lautem knall
den duft zerrissen.

und sieh doch bitte nach
ob von der sehnsucht noch was übrig ist
ein stück hab ich gefunden letzte nacht
als die andern unser altes haus besetzten
wir hatten wieder viel zu viel zu tun
um mitzugehn.

kannst du den schmerz noch finden
der uns mutig machte?
ich sah ihn in den augen meines kindes
als sein kastanienbaum, amtlich gesägt
stöhnend zerbrach.

wenn du morgen wiederkommst
vergiß dein lächeln nicht.
meins blieb hängen
an dem stacheldraht
den unser nachbar zog
gegen unkraut wie er sagte.

PETER JEREMY ETTL

Ein möglicher Schluß

wenn draußen vor dem fenster
ein föhniger regen zerstaubt
wenn die vertrunkene nacht
noch in den augen brennt
und niemand wagt
auf wiedersehen zu sagen

wenn die kerze nicht mehr brennt
die unser licht gewesen
wenn ein bild aus spiegeln grinst
und worte leer geworden sind
wenn du
in träume eingehüllt
den tag zum traum erhebst
wenn dein lachen
scharf und bitter klingt

dann schließ die tür
lösch alle lichter
sag nicht es ist vorbei
sag
es kommt wieder
irgendwann

UWE-MICHAEL GUTZSCHHAHN

Zerfall

Wenn wir die Erde
aus unserem Zeitgefüge
fallen ließen

Wenn wir genössen
nur hier zu sein
wahrzunehmen das wuchernde Gras

Stille machte sich breit
und wir lebten
ohne den unaufhaltsam uns
weiterdrängenden Zeitbegriff
ohne Uhren am Arm
und erlebten gelassen
den schönen Zerfall des Entbehrlichen

RONALD GLOMB

Ode

O ich möchte nichts weiter
als unter einer Decke
mit dir stecken Du & Ich
auf den kleinsten
gemeinsamen Nenner gebracht &
die große weite Welt
bleibt draußen vor der Tür
für circa eine Nacht oder
wie lange das geht

GEORGES HAUSEMER

Glück

In Griechenland oder noch eine Handbreit
südlicher auf der Landkarte
soll es zu finden sein.
Durch Meere schwimmend, über Felsen
kriechend, durch Wüsten wandernd, über
Wolken schwebend wollen einige es gefunden haben.
Aber du und ich,
keiner von uns beiden war jemals dort.
Doch wir geben so schnell nicht auf.
Am Fenster oder am Ofen sitzend, neben
dem Kamin oder auf dem Küchentisch stehend,
in ausgetrockneten Bächen liegend, im Sand,
in den jeder fünf Buchstaben schreiben muß.
Ein Wort, das mit
einem großen G beginnt,
aber noch immer
ein Rätsel ist.

UWE-MICHAEL GUTZSCHHAHN

Weiße Zeitung

Aufstehen im Licht
dein Körper wie ein Schatten
vor der Verandatür
jetzt müßte Kaffee duften
es müßte auch frische Brötchen geben
wir würden einen herrlichen
Sonntag feiern
eine weiße Zeitung fliegen lassen
und würden im Radio
Tanzmusik wählen am besten
wäre natürlich ein Rock 'n' Roll

FREDERIKE FREI

Ich möchte auch in den bunten
Städten geboren sein

von denen die Häuser
träumen

wo jedes Gesicht
versteht

und der Augenblick
überlebt

wo man bleibt
wenn man geht

BERND MARTENS

Lebenslauf

Der Fortschritt bringt
neue Maschinen
für bessere Produkte
immer mehr
und noch schneller
mein Leben läuft mir davon
bin gerädert
haltet die Fließbänder an
ich kann das Glück nicht fassen.

THEO SCHNEIDER

E. F.

Man sagt von ihm
er schreibe Gedichte
wie andere Leute
atmen

ob das stimmt
weiß ich nicht
aber ich wünschte

die Menschen
könnten so atmen
wie er Gedichte
schreibt

PETER-PAUL ZAHL

häftlingstraum

packen Sie
Ihre sachen

Sie werden
sofort entlassen

Ihr richter
hat gestanden

Kurz und fündig

VIKTORIA LÖSCHE

Überlebenstraining

Lernen die waffen
in den sand zu legen
ganz vorsichtig
daß sich niemand
verletzt.

ROSWITHA SCHNEIDER

wir waren doch alle mal
ein rohes ei
wieso tun wir bloß
plötzlich so hartgesotten

EI GEN ARTIG

WERNFRIED R. HÜBSCHMANN

Einverständnis

Ich lasse mich gern
aus der Fassung bringen

denn immer gerate ich dann
in eine andere

ROSWITHA SCHNEIDER

halt mich fest
sagte ein strohhalm zum andern

sie kamen nie
den dingen auf den grund

HALT LOS

KURT MARTI

biene, philosophisch

ich summe
also
bien ich

HANS-CURT FLEMMING

die zeit
die ich mir
nehme

kann ich
den andern
lassen

THOMAS ERWIN

Jugend

Wenn die Erfahrung
den Willen
noch nicht besiegt

ARNFRIED ASTEL

ZIEH dich warm an,
mußt du dem Selbstmörder sagen,
es ist kalt draußen.

FREDERIKE FREI

Schuldschein

Ich kann meine Träume nicht
fristlos entlassen

Ich schulde ihnen noch
mein Leben

Wunderliches

Hexen

Nimm ein bißchen Vogeldreck,
mache eine Null daraus,
hänge einen Schwanz daran,
aus der Null wird eine Neun,
Liebchen war solange weg,
Liebchen steht ins Vogelhaus,
Bilsenkraut und Thymian,
keiner wirds von uns bereun.

die rädertierchen

rototoria: winzige meerestiere
die am kopf ein ›räderorgan‹
besitzen

sie sind so groß
als wie ein tropf

und brauchen bloß
ein rad am kopf:

sie schwimmen
mit dem rad

sie fressen
mit dem rad

sie staunen
tief im ozean

mit ihrem rad
die meernacht an

Bunte Wunderhunde (ein Kinderlied)

Bunte wunderhunde
bekunden ihren wunsch nach unzucht
zwischen zwei versenkungsübungen
erwachen sie ganz kurz
greifen nach dem schmusedeckchen in der bums-sucht
doch erkennen rasch mit schrecken ihren sturz:

Materielle güter – welch verblendung!
schamvoll werden kopf und schnäuzchen losgelöst
und von neuem strebt der dackel nach vollendung
während unbefugte glauben daß er döst...

FREDERIKE FREI

Die Himmelhühner über den
Stammbäumen hat der
Sommer mit dem
Munde gemalt

Das hungrige Grün der Schatten
ist mit dem satten
Marmorblau dick
Freund

Zunge Land
leckt sich
Butterblumenkrümel
vom Maul

Zu Hause schmecken
Steine wie Salz
und Erde wie
Brot

Zu ›GARTEN IN VALLAURIS‹ von Picasso

lied von den bösen folgen der heimatkunde

es war einmal ein lehrer
der lehrte heimatkunde
die kinder guckten in die runde
dachten: is der dumm!

er zeigte auf die karte
aufs ferne rußland hin
sagte: dorthin wolln wir reiten
die kinder sagten: hat kein sinn

er zeigte auch auf frankreich
dort wo das elsaß liegt
sagte: dorthin wolln wir reiten
die kinder schrien: der ist verrückt

der lehrer wurde sauer
er fluchte und er schrie
die kinder sangen: du schlauer
reit doch alleine hin

er fluchte und er schimpfte
die ganze liebe zeit
da bliesen ihn die kinder weg
das war ein schöner zeitvertreib

sie bliesen ihn aus dem fenster
wohl durch die blaue luft
sie bliesen ihn über rußland
und übers eisige meer

lang hört' man ihn noch schimpfen
dann sah ihn keiner mehr

FRANZ HOHLER

Die Alpen
vorzutragen im Anschluß an Alphornklänge oder verwandte Geräusche

Jedesmal bei diesen Weisen
Seh ich im Geiste Adler kreisen.
Die Sennen sicheln ihre Triften,
Die Ochsen muhen in den Klüften,
Das Euter prall und aufgedunsen,
Lawinen krachen durch die Runsen,
Der Aelpler reckt die Hand zur Stirn,
Ein alter Gamsbock äst im Firn,
Der Jäger naht im harten Zwilch
Und nährt sich von der Gletschermilch,
Der Käser sitzt bei kargem Mahle,
Dann rollt er seinen Käs' zu Tale.
Am Abend röten sich die Wolken,
Was melkbar ist, wird jetzt gemolken,
Der Bergler blickt mit stillem Glanz
Empor zum jähen Alpenkranz
Und tritt dann dankbar in die Hütte,
Wo schon in ihrer Kindlein Mitte
Die Senn'rin harrt. Der Hafer brodelt.
Die Wang' erglüht. Der Senne jodelt.
Dann labt man sich an Gottes Spende,
Und langsam geht der Tag zu Ende.
Der Senne schwingt noch rasch die Fahne
Und schlürft dann seinen Kübel Sahne.
Er hustet fromm ein rauh' Gebet,
Bevor auch er ins Stroh sich legt.
Dort schläft man froh die ganze Nacht,
Bis man in aller Früh' erwacht.

Dort oben ist das wahre Leben!
Und uns'res hier ist tief daneben.

ban anna beach

wo hin?
  na:tur!
wie denn?
  na:turistisch
wo zu?
  na:turnen
was dann?
  na:turteln
mit ann?
  na:türlich

HANS KRUPPA

Pipapo

Larifari pumpelpum
Marienkäferkrutzitürken
In der Untat
Ein Gitarrensolo zur Ekstase
Ich bin
Du bist
Pipapo
und alle Fragen
enden in einem Freudensprung

Schwerkraftsprobleme?
Daß ich nicht lache!

MANFRED HAUSIN

im vogelhaus

deine nachbarn sind komische vögel
nachts um drei zwitschert herr zilch
der hat wohl ne meise
schon beginnt die schreyer zu jubilieren
und herr lange klopft wie ein specht

ach wie du gurrst
da plustert sich deine wirtin auf
zum kuckuck
bevor ich federn lasse
verlasse ich dieses vogelhaus

Rückblicke

Sentimentaler Hund

1. Irgendwann, ein- oder zweimal im Jahr;
rieche ich plötzlich, wie's früher mal war.
Dann kratz' ich mich, jaule ganz leise und
bin ein ganz sentimentaler Hund.
Dann möcht' ich ganz einfach wieder dahin,
da, wo ich richtig geboren bin.
Und der laue Wind erzählt mir von Tagen,
als wir in der Sonne lagen
und nicht einmal knurrten, wenn nebenan
Cleffs Katze zu schnurren begann.

2. Ich schnupp're am Zaun der Erinnerung entlang,
und hin und wieder verspür' ich den Drang.
Ich hebe verstohlen mal eben ein Bein,
und ich atme die alten Geschichten ein.
Dann bin ich sehr bissig, lass' niemanden ran
und belle den Mond und die Sterne an.
Und der laue Mond erzählt mir von Nächten,
als wir uns für die Tritte rächten
und so lange heulten, bis kurz vor Tag
der Mond vor uns in der Pfütze lag.

3. Was bleibe ich noch, warum renn' ich nicht los?
Ich könnte doch einfach, ich bräuchte doch bloß.
Warum pfeif' ich nicht auf den ganzen Salat,
das Häuschen, Geschäft und den Stacheldraht?
Ich kratze mit meinen Pfoten die Tür,
da riecht es schon wieder nach heute und hier.
Und der laue Wind bläst hinter Bergen
irgendwo bei den Gartenzwergen,
bis irgendwann, ein- oder zweimal im Jahr,
es plötzlich so riecht, wie's früher mal war.

HANS-JÜRGEN HEISE

Aus den Kindertagen der Technik

Die Sonne fährt auf Felgen
durch eine Vorstadtsiedlung
Es ist sehr früh
der Meister raucht erst
seine zweite Zigarre sein Sohn
wird in sieben Jahren geboren
Ein schöner Tag
Das Kopfsteinpflaster stammt
aus dem vorigen Jahrhundert
Die Straße geht ein bißchen
bergab doch die Weltwirtschaftskrise
ist noch weit Die Telegrafendrähte
laufen durch den Himmel
der sich einstweilen gut steht
mit Tauben und Spatzen
und allen vier Winden

GEORGES HAUSEMER

Es war schön

als wir Katzen streichelten
uns im Kino an den Händen hielten
als wir vor Bäumen standen
in ihren Kronen Schlösser bauten
uns umdrehten und den Gedanken
in die Wolken folgten
es war schön als der Regen
unsere Gesichter wusch
wir aßen Zitroneneis
und ritzten uns gegenseitig
Liebesbriefe in
die blasse Haut
es war schön werden wir sagen
uns eine Zigarette anzünden
eine Flasche Bier trinken
und wissen daß wir aus Liebe
die Wahrheit verschwiegen haben

KATRINE VON HUTTEN

Guten Tag

Jahrelang waren wir unglücklich zusammen
aber wir wollten uns nicht trennen
weiß der Himmel warum
nur deshalb blieben wir zusammen.

Aber jetzt ist es so daß ich
nur noch für die Vergangenheit schwarz sehe
obwohl morgen die Steuererklärung drankommt
oder der seit Wochen fällige Osterputz

geht mir weder dein Schweigen
noch dein Gerede mehr auf die Nerven
wie früher Tag für Tag
obwohl die Ferien vor der Tür standen
oder ein langes Wochenende.

Ich pfeif ein 500 Jahre altes Lied
von einem Mann namens Wolkenstein
und fang zu kochen an: heut gibt es
Spaghetti und Sauerkirschen und ich kenne dich.

HANS KRUPPA

Zur rechten Zeit

Keinen Tag zu früh,
gerade als ich deine Existenz
als meine Wunschvorstellung
abtun wollte,
stolperte mein Leben
über deins
und fiel himmelhoch.
Du warst das Wunder,
an das ich nicht mehr glaubte,
die Tür,
an die ich nur noch
aus Gewohnheit klopfte,
der Anblick,
der meine Augen
an sich zweifeln ließ.

Als dann die Schleier
zwischen unseren Blicken fielen,
und wir die Nahrung
unseres Hierseins füreinander
in uns aufnahmen,
starben die Grenzen zwischen uns
an mangelnder Beachtung,
und das Leben feierte
ein Wiedersehensfest
in unserer Umarmung.

Aussichten

HEINZ KATTNER

Streckenarbeiter

Schotter ist Schotter
Meine Gleise verlege ich wo
Ich will. Mitten durchs Herz und gegen
Den Ratschlag vom Arzt. Aber
Habe ich dir nicht gesagt:
Ich komme zu dir mit einer Draisine
Wenn meine Schwellenangst auf der
Strecke geblieben ist.

GÜNTER GUBEN

Energieerzeugung

guck
sagt mein sohn
beim abschied
auf dem bahnhof

wenn ich deinen
koffer hebe
und mach dann die faust
und mach sie dann auf
in der sonne
und er tuts
dann dampft sie
und sie dampft

das kommt von der wärme
sage ich
deine warme hand
im wollhandschuh
in dieser winterkälte

nein sagt er
das kommt vom koffertragen
gut sag ich
das kommt vom koffertragen

als ich fahre
und er nachwinkt
weiß er nicht
noch nicht
daß sein anblick
in mir wärme erzeugt

RAIMUND PETSCHNER

Für Elisabeth

Den
Brief
verfressen wir
den du
für mich
gekrakelt hast auf
sieben Seiten
Eß-Papier

am
Kiosk an der Ecke
wo sich die
Fünfzigpfennigkinder ihre
kleinen Wunder kaufen

Die
Trillerpfeife
verlutschen wir
die süße
Karamel
bonbonpfeife

Rolltreppen
rennen
wir
Aufwärts
weil sie
Abwärts rollen

Dem Herrn
Calvin im
städtischen Er
holungspark
ziehn wir den
Gummischutz über die
allzu spitze Nase

Kostproben bei
Hertie Hertha
nehmen wir
jederzeit
verständnisvoll entgegen

Käse & Wein
& wenn es sein
muß
auch ein ganzes Schwein

Die Schule
schwänzen wir
jetzt endlich
& für immer

harter winter

die schafe ziehen sich
die pelze an
und heulen
mit den wölfen

manch einem wird so eingeheizt
daß er eiskalt wird
bei diesem glatteis
ausrutscht und zerbricht

ein andrer baut sein haus
jetzt auf dem eis anstatt
auf sand und glaubt
daß dieser winter ewig hält

doch ist auch unser lachen
eingefroren worden
so
kann es überwintern

VOLKER ERHARDT

verflogen?
(für sabine)

wir werden
mit flügeln geboren

deine
sind noch erkennbar

laß sie nicht
verkümmern, üb weiter
das fliegen

hüte dich
vor den tieffliegern
aber laß dir das fliegen
nicht abdressieren

noch
gibt es
kein flugverbot

ich
schau dir
gern zu bei
deinen flugversuchen

vielleicht
kann auch ich es wieder
lernen

von dir

»It's finger lickin' good!«

Gespannt, was heute Schönes Krebs erzeugt,
setz ich mich an den Frühstückstisch und
schlag die Zeitung auf. Essen, trinken, atmen?
Grundsätzlich besser nicht mehr, das ist nur
noch für Verdränger was, die vor der Wahrheit
den Kopf in den Sand stecken – und sogar dort
(Sie wissen's nicht, das kommt davon...)
ist es vorbei mit der Ruhe, nix Öko-Nische,
die Bakterienproben vom Kinderspielplatz
sprechen eine deutliche Sprache: Wir sind
umzingelt vom Sensemann und seinen Leuten!

Sieht aus wie Saure-Gurken-Zeit für Forscher;
bis zur letzten Seite muß ich blättern, um ihn
zu finden, den Killer des Tages: Jeder Orgasmus,
steht da, verkürzt das Leben um 53 Minuten,
sprich eine Überstunde abzüglich Pinkelpause.
Wie haben die das rausgekriegt? Mit Ratten
und dann umgerechnet? Oder ob's ein Besessener
war im Selbstversuch, pro ein Mal eine Kerbe
am Kopfende der Pritsche, jede fünfte quer?
Der direkte Effekt sei, les ich, man verbrauche
77 Kalorien, Handvoll Erdnüsse, das Doppelte
wenn vorgetäuscht – wie jede Kunstanstrengung ja
einen höheren Preis verlangt vom Menschen.

Fanatiker der Schlanken Linie horchen auf –
Wer schön sein will, muß anderswo mehr leiden,
muß strampeln wegen der paar Nüsse: Fahrrad
ohne Räder, pflegeleichter Trimm-Dich-Anzug.
Und auch den Selbstmordaspiranten, die's nicht
panisch eilig haben, noch genießen können,
scheint hier ein bemerkenswertes Instrument
an die Hand gegeben, oder wohin auch immer:

Dem gängigen Konzept vom Leben als Krankheit
zum Tode (verursacht nicht durch Seelenpein
sondern das, was hinter der Currywurst steckt
in Form der kleinen, hochgestellten 1 bis 3),
dem Siechtum sich entziehen mit Trick 17,
mit der Lust, dem süßen Harakiri auf Raten?
Hört sich prima an! Guter Hahn wird nicht fett,
wird auch nicht alt, zwei Fliegen auf einmal,
Klappe!, Action! »Ein unheimlich starker Abgang«:
Schnell leben, jung sterben und 'ne schicke
schlanke Leiche sein... Selber schuld,
wer's jetzt noch nach Altvätersitte macht
mit Zyankali, knacks und weg, so'n Krampf!

ANGI DOMDEY*

Der Frieden ist ein kleines Kind

Der Frieden ist ein kleines Kind
das sitzt in einem Baum
es möcht im freien Himmel wohnen
da fühlt es sich zu Haus

Der Frieden ist ein junges Mädchen
das liest in einem Buch
weiß noch nicht alles was es wissen will
doch einmal wird es klug

Der Frieden ist ein junger Mann
der lebt nicht gern allein
Er wünscht sich Freunde und ein Kind
mit dem er leben kann

Der Frieden ist ein Liebespaar
das hat sein Brot geteilt
Hat keiner keinem weggenommen
zum Schenken war viel Zeit

Der Frieden ist ein Mütterchen
hat nie ein Kind gehabt
Doch viele Menschen haben zu ihr
Mütterchen gesagt

Der Frieden ist ein alter Mann
der hat schon lang gelebt
Er freut sich auf ein anderes Haus
in Ruhe will er gehn

Der Frieden ist ein starker Mann
der hat zu viel getragen
Ich hab ihn ein Stück mitgenommen
auf meinem kleinen Wagen

Der Frieden ist die Nachbarin
die meinen Zank vergaß
Sie hat mir roten Mohn geschenkt
weil ich nicht glücklich war

Der Frieden bin ich selber bald
was hast du mir getan
Ich werf die Waffen in den Wind
und geh durch deine Wand

* Musik und Text: Angi Domdey auf der LP »Pazifistin bin ich« – Lieder für den Frieden von Angi Domdey Philips Nr. 6435 135

SUSANNE HENNEMANN

Die Verkettung

In der Ruhe die Bewegung
und in der Bewegung die Ruhe erfassen
im Licht das Dunkel
und im Dunkel das Licht sehen
im Beständigen das Vergängliche
und im Vergänglichen das Beständige erkennen
Die Untrennbarkeit der Gegensätze annehmen
und uns alle
als einen Teil dieser Verkettung begreifen
Versuchen sie zu verstehen
Möglicherweise
ist das einer der Wege
auf denen wir einander näher kommen könnten

GISELA SCHALK

Lebensmitte

Jetzt merk ich
Täglich
Wie ich wachs
Schau mir staunend
Dabei zu
Und während
Kleine Runzeln sich
Langsam häuslich
Einrichten
Auf meiner Stirn
Wächst in mir
Eine vielköpfige
Sonnenblume
Einem
Fruchtbaren Herbst
Entgegen.

SUSANNE HENNEMANN

Es bleibt noch manches zu tun

Noch ist der Himmel nicht ausbetoniert
nicht jedes Leben wurde vergiftet oder zu Tode gefoltert
wir haben die Erde noch nicht liquidiert
Es bleibt noch manches zu tun

HANS KRUPPA

Verabredung

Mit meiner Zukunft
habe ich mich verabredet.
Gestern sah ich sie
zum ersten Mal
in aller Klarheit.
Sie strahlte mich an;
ich ging ohne Scheu
auf sie zu.

Alle fragen mich,
ob ich verliebt sei.

KATRINE VON HUTTEN

Neue Heimat

Dazwischen, wo alle Worte versagen,
da wo nichts mehr stimmt
weil alles immer anders ist
als hier und dort,
unbenennbar mit landläufigen Worten:
dort wurzeln wir uns ein,
dort schlagen wir aus,
und blühen auf ganz wunderbar.

›Wo liegt Euer Lächeln begraben?‹ will eine Mauerinschrift in der Frankfurter City von den Passanten wissen. Ich habe diese Frage an mehr als 150 Dichterinnen und Dichter weitergegeben und sie um Texte gebeten, in denen etwas von dem zum Ausdruck kommt, was der Urheber dieser Wandschrift zu vermissen scheint.
Aus dem Empfinden heraus, daß auf der Wetterkarte der zeitgenössischen Lyrik bei weitem die Tiefs überwiegen, stellte sich mir die Frage, ob es noch möglich sei, Gedichte zu sammeln, die unter freiem Himmel entstanden sind und ein bißchen Sonnenlicht atmen und atmen lassen.
Mir schwebte ein Buch vor, das sich nicht träumerisch-blind über bedrückende Zustände und düstere Aussichten hinwegsetzt, sondern ihnen zum Trotz Freude am Leben und Lieben zu vermitteln weiß, Optimismus und Heiterkeit ausstrahlen, Mut machen kann. Es sollte keine falschen Hoffnungen erzeugen, keine trügerischen Erwartungen wecken, sondern die Fähigkeit der Poesie unter Beweis stellen, auch in bitteren Zeiten existieren zu können, ohne zu verbittern.
Soweit die Vorstellungen. Tatsache ist: Es gibt, ganz unabhängig von den Zeit- und Weltläufen, heitere und weniger heitere Menschen. Daß unter unseren namhaften Dichtern die eher sorgenvollen und schwerblütigen Naturen dominieren, mag nicht zuletzt darauf zurückzuführen sein, daß Leiden, Nöte und Depressionen seit jeher starke Triebkräfte poetischer, überhaupt künstlerischer Leistungen sind. Ein gänzlich glückliches Zeitalter, las ich einmal, werde (wenn es jemals käme) keine Literatur mehr nötig haben. Zugegeben, Glück kann sich selbst genug sein. Aber, wenn es sich selbst zuviel wird, wohin soll es dann fließen? Eine Hamburger Lyrikerin, Birgit Rabisch, schrieb mir: »Von vielen habe ich gehört, daß sie nur schreiben, wenn es ihnen schlecht geht – als Ventil für den angestauten Druck. Von mir selbst weiß ich, daß ein sehr intensives Glücksgefühl ein ähnlich starkes Mitteilungsbedürfnis, den Wunsch, die überfließende Energie in einen schöpferischen Prozeß einfließen zu lassen, auslösen kann.«
Immer nur Sonnenschein ist genauso schlimm wie tagtäglich bewölk-

ter Himmel. Die Gegensätze brauchen sich zu ihrer gegenseitigen Entfaltung. Wer sagt, daß es kein Wunder sei, wenn als Konsequenz des gestörten ökologischen und bedrohten atomaren Gleichgewichts nun auch die Poesie aus der Balance gekommen ist, liegt sicherlich damit nicht falsch. Aber er sollte Blumen, die das Wunder vollbringen, aus Asphalt zu wachsen – nicht aus Trotz, sondern aus schierer Lebens- und Farbenfreude – er sollte solch erstaunlichen Gewächsen keine Steine in den Weg legen.
Aber gerade das scheint der Fall zu sein. Wie sonst ließen sich solche Reaktionen von Lyrikerinnen und Lyrikern erklären, die mir schrieben:

»Gottseidank wird auch mal Positives erwartet. Ich hab mich schon gar nicht mehr getraut, solche Sachen aus der Schublade zu holen.«

(Gisela Schalk, Dortmund)

»In der Tat kommt die Poesie als Ausdruck überfließender Lebensfreude fast überall zu kurz, und das nicht nur – so meine Erfahrung –, weil solche Poesie nicht mehr entsteht, sondern vielfach auch deshalb, weil Zeitschriftenherausgeber, Lektoren wohl oft nicht den Mut haben, derartiges auszuwählen.«

(Christoph Havers, Neuss)

»Ehrlich gesagt: ich habe es jahrelang nicht kapiert, weshalb niemand auf die Idee gekommen ist, eine solche Anthologie zusammenzutragen. – Zig Autoren kenne ich, die genau das schreiben, worauf Sie hinauswollen. – Interessanterweise tauchen aber in deren Büchern, von Ausnahmen abgesehen, diese Texte nie auf. Ich vermute: die Verleger (oder nur die Lektoren?) wollens nicht. – Zu leichte Kost? Zu wenig deutscher Tiefsinn? Bei allen Musen! Realität (des Lebens) ist doch auch, daß es Glücksmomente gibt.«

(Günter Guben, Esslingen)

»Ich habe jahrelang in den USA gelebt... Nach meiner Rückkehr fiel mir besonders auf, daß ›in Problemen stecken‹ und ›es schwer haben‹ in diesem Land immer noch eine Art Ausweis für einen ›wertvollen Menschen‹ zu sein scheint.«

(Katrine von Hutten, München)

Gilt dies etwa auch für die deutschen Dichter?
Ich meine, Poesie darf nicht zur bloßen Reaktion auf gesellschaftlich-politische Mißstände und Fehlentwicklungen, auf die nicht enden wollende Kette öffentlicher Hiobsbotschaften verkümmern, sonst verliert sie ihre spielerische Unabhängigkeit, aus der sie eine Kraft schöpfen und geben kann, ohne die wir auf die Dauer nicht auskommen.
Sicherlich wird mit Recht gesagt, daß Dichter mit seismographischer Empfindlichkeit auf Erschütterungen ihrer Umwelt reagieren – aber das muß nicht ausschließen, daß sie mit ebensolcher Sensibilität auf Veränderungen in ihrer Innenwelt antworten. Und da gibt es nicht nur Abwärts-, sondern auch Aufwärtsbewegungen, nicht nur finstere Aussichten, sondern auch helle Einsichten.
Mit unseren Gedichten können wir kaum die Welt verändern, aber wir haben die Wahl, sowohl unsere Sorgen und Bedrückungen als auch unsere Lebensfreude, unsere Glücksgefühle in Sprache zu geben. Und dieser Wahl sollten wir, die wir bereits so viele Möglichkeiten und Hoffnungen verloren haben, uns nicht noch zusätzlich berauben.

Hans Kruppa

Astel, Arnfried, geb. 1933 in München. Studien (Literatur, Biologie) in Freiburg und Heidelberg. 1966 Lektorentätigkeit in Köln. Leitet seit 1967 die Literaturabteilung des Saarländischen Rundfunks. Lebt in Saarbrücken. Bücher (in Auswahl): ›Neues (& Altes) vom Rechtsstaat und von mir. Alle Epigramme‹ (1978); ›Die Faust meines Großvaters & andere Freiübungen von A.A.‹ (1979).
Mit dem abgewetzten Ring S. 87; *Zieh dich warm an* S. 159.

Axt, Renate, lebt als freie Schriftstellerin in Darmstadt. Autorin beim Südwestfunk. VS-Mitglied. Veröffentlichungen aus den Bereichen Lyrik, Hörspiel, Musical, Drama. Münchner Literaturpreis 1980. Bücher (in Auswahl): ›365 Tage‹. Gedichte (1973); ›Ohne Angst‹. Gedichte (1980).
Sommer S. 19

Becker, Uli, geb. 1953 in Hagen, lebt nach dem Studium der Amerikanistik und Germanistik seit 1979 als freier Schriftsteller in Berlin. Buchveröffentlichungen: ›Meine Fresse!‹ Gedichte (1977); ›Menschen, Tiere, Sensationen!‹ Das Buch zum Film (1978); ›Der letzte Schrei‹. Gedichte (1980); ›April April‹. Ein Fragment (1980); ›Daß ich nicht lache‹. Gedichte (1982).
»It's finger lickin' good!« S. 184

Block, Detlev, geb. 1934 in Hannover, lebt in Bad Pyrmont. Gedichtbände: ›Nichts ist botschaftslos‹ (1972); ›Der Telegrafenmast‹ (1975); ›Passantenherz‹ (1977); ›Anhaltspunkte – Gesammelte Gedichte‹ (1978); ›Ich nehme mich immer mit‹ (1980); ›Kleine Anfrage an den Pächter‹ (1982).
Ansprache S. 34; *Sichtweise* S. 46; *Dies jetzt ist Leben* S. 82

Bulla, Hans Georg, geb. 1949 in Dülmen/Westf., lebt in Kaltbrunn/Bodensee. Zahlreiche Veröffentlichungen in Zeitungen, Zeitschriften, Anthologien und im Rundfunk, mehrere Gedichtbände. Zuletzt erschienen: ›Weitergehen‹. Gedichte (1980); ›Ferner Ort zu zwein‹. Gedichte (1982); ›Der Schwimmer‹. Gedichte (1982).
Ins Freie S. 40; *Übers Land* S. 43; *Kleine Hoffnung* S. 47; *Schäfergeschichte* S. 53

Chobot, Manfred, geb. 1947 in Wien. Studium der Kulturtechnik. Lebt als freier Schriftsteller in Wien und Niederösterreich. Mitglied der ›Grazer Autorenversammlung‹, des ›Podium‹, der Autorenvereinigung ›Die Kogge‹. Veröffentlichungen aus den Bereichen Lyrik, Prosa und Hörspiel. Beiträge in Zeitschriften und Anthologien. Bücher (in Auswahl): ›Der Gruftspion‹. Prosa (1978); ›Reformprojekte‹ (1980); ›Mit'm Schmäh‹ (Hg.). Anthologie österr. Liedermacher (1980).
Christ-Kinder S. 50

Clemens, Susy, geb. 1953 in Bonn. Studien (Indologie, Völkerkunde, Religionswissenschaft, Englisch) in Marburg. Lebt dort seit 1973. ›Holundersplitter‹ Gedichte (1980).
Bunte Wunderhunde S. 164

Corrieri, Daniele, geb. 1966. Lebt als Schüler in Kilchberg (Schweiz). Bislang noch keine Veröffentlichungen.
Gras beugt sich zärtlich zurück S. 16; *Andenken* S. 36

Cott, Georg-Oswald, geb. 1931, VS, Lehr- und Wanderjahre, Facharbeiter, Handwerksmeister, Studium der Berufspädagogik und der deutschen Sprache an den Universitäten in München und Braunschweig, Entwicklungshelfer in Afrika, heute Berufsschullehrer in Braunschweig und Lehrtätigkeit an der Technischen Universität in Hannover. Arbeitsgebiete: Lyrik, Notizen, Rezensionen. Bücher (in Auswahl): ›Pusteblumentage‹. Gedichte (1975); ›unhörbar hörbar‹. Gedichte (1977); ›wenn alles eben wäre‹. Gedichte (1981).
Das Gleichgewicht halten S. 60; *Heute* S. 102

Degenhardt, Franz Josef, geb. 1931, studierte in Freiburg und Köln Jura; 1976 Promotion zum Dr. jur., seit 1969 Rechtsanwalt in Hamburg, PEN-Mitglied. Neben zwölf Langspielplatten veröffentlichte er die Romane ›Zündschnüre‹ (1973); ›Brandstellen‹ (1975); ›Die Mißhandlung‹ (1979) und anderes.
Sentimentaler Hund S. 172

Deppert, Fritz, geb. 1932, Lehrer in Darmstadt, Vorstandsmitglied im VS Hessen, Lektor für den Literarischen März. Die letzten Buchveröffentlichungen: ›Wir, Ihr, Sie‹ (1981); ›Atempause‹ (1981).
Rekonvaleszenz S. 24; *Antithese* S. 44; *Wasser abschlagen* S. 79; *Zärtlichkeit* S. 119

Domdey, Angi, geb. 1949. Studium; Arbeit als Lehrerin. Lebt jetzt als Liedermacherin und Jazzsängerin in Hamburg. Gründete die Frauenlieder-Gruppe ›Schneewittchen‹.
Unter dem Pflaster liegt der Strand S. 38; *Ich hab eine große Sehnsucht* S. 74; *Der Frieden ist ein kleines Kind* S. 186

Drews, Karola, lebt in Dortmund. ›Worte nach draußen‹. Gedichte.
Wichtig S. 71

Dürrson, Werner, geb. 1932 im Schwarzwald. Kindheit im Krieg. 1949 Handwerkslehre in Stuttgart. Erste Gedichte. 1953 Studium der Musik in Trossingen. 1957 externes Abitur, danach Studium der Literaturwissenschaft in München und Tübingen. 1962 Promotion. Lehrtätigkeit an der Universität Poitiers/Frankreich bis 1968, anschließend bis 1978 in Zürich. Lebt als freier Schriftsteller in Kattenhorn am Bodensee und in Stuttgart.
Übersetzungen. Verschiedene Auszeichnungen. Bücher (in Auswahl): ›mitgegangen mitgehangen‹, Gedichte. ›Schubart-Feier‹. Eine deutsche Moritat (1978).
Erst im Wahnsinn S. 65

Engelke, Kai, geb. 1946 in Göttingen. Lebt als freier Schriftsteller und Landschullehrer im Emsland. VS-Mitglied. Arbeitsgebiete: Lyrik, Prosa, Lied, Sachbuch. Bücher (in Auswahl): ›Die Angst macht mir Bauchweh‹. Gedichte und Lieder (1980); ›Mein kleines dunkles Zimmer‹. Geschichten (1980).
Spiel Musikant S. 28

Erhardt, Volker, geb. 1946. Lehrer für Mathematik und Sozialkunde. Veröffentlichungen für Kinder und Erwachsene seit 1971 im Buch, Rundfunk, Fernsehen, Theater. Mitglied im VS.
Schwimmen in märkischen Seen S. 14; *Widerspruch* S. 37; *Verflogen?* S. 183

Erwin, Thomas, geb. 1961 in Berlin (Ost). Aufgewachsen in der DDR. Kam 1981 nach West-Berlin. Lebt jetzt in Paris. *Ernste Spielerei* S. 81; ›*Jugend*‹ S. 158

Ettl, Peter Jeremy, geb. 1954 in Regensburg, lebt dort als freier Schriftsteller und Journalist. Zwölf Bücher, Übersetzungen in versch. Sprachen, bisher drei Literaturpreise, zuletzt Kulturförderpr. Ostbayern. Mitglied VS u. a.
Ein möglicher Schluß S. 142

Feldhoff, Heiner, geb. 1945 in Steinheim (Westf.), aufgewachsen in Duisburg, Studium in Münster, Realschullehrer in Altenkirchen/Westerwald, verheiratet, zwei Kinder, Mitglied VS, 1978 VS/AA-Auslandsreisestipendium. Zwei Gedichtbände: ›Ich wollt, ich wär der liebe Gott‹ (1976); ›Wiederbelebungsversuche‹ (1980). Veröffentlichungen im Rundfunk, in Zeitungen, Zeitschriften und Anthologien.
Wochenplan S. 76; *Klartext* S. 98

Flemming, Hans-Curt, geb. 1947. Studium (Chemie) in Stuttgart und Freiburg. Arbeitet seit 1978 als Chemiker im Umweltschutzbereich (Wasser) an der Uni Stuttgart. Geschieden, zwei Kinder. Lebt in Stuttgart. Veröffentlichungen von Lyrik und Prosa in Anthologien und Zeitschriften. ›annäherung‹. Gedichte (1980); ›ein zettel an meiner tür‹. Gedichte (1982).
Noch 14 Minuten S. 20; *Vorschlag für meine Grabinschrift* S. 92; *Winterliebesgedicht* S. 107; *konspirativ* S. 113; *Nach deinem Besuch* S. 120; *Liebesgedicht* S. 129; *Glück* S. 138; *Die Zeit* S. 157

Frei, Frederike, geb. 1944, aufgewachsen in Rotenburg bei Hannover. Studium der Germanistik und Theologie. Schauspielstudium. Animation von Schreibgruppen. ›Losgelebt‹. Gedichte (1977); ›Wie geht's dir?‹ Gedichte.
Und wenn du dein Leben verändern willst S. 93; *Aufwachen* S. 112; *Ich möchte auch* S. 147; *Schuldschein* S. 160; *Die Himmelhühner* S. 165

Gerlach, Rita, geb. 1944; 19 Jahre lang in allen möglichen Erziehungseinrichtungen gearbeitet. (Veröffentlichungen in verschiedenen Anthologien und bei SDR.)
Auf dem Deich S. 59; *Einkaufszettel* S. 141

Glomb, Ronald, geb. 1957 in Bremen. Nach dem Abitur Soldat. Lebt seit 1977 in Berlin-West. Dort abwechslungsreiche und nicht immer ungefährliche Tätigkeit als Student, Journalist, Lyriker, Demonstrant, Hauslehrer. z. Zt. Redakteur der ›Lyrik-Zeitung‹ und Galerist. Hrsg. (mit Lothar Reese) ›Anders als die Blumenkinder‹. Gedichte der Jugend der 70er Jahre (1980).
(Mit)Herausgeber ›Jahrbuch für junge Lyrik 1982‹ (1982).
Sommer und Liebe S. 124; *Ode* S. 144

Annette Grüschow, geb. 1963, aufgewachsen bei Würzburg, lebt und liebt, malt und schreibt in Bremen.
Nachklang S. 122

Guben, Günter, geb. 1938, lebt in Esslingen. Studium der Photographie, Film- und Fernsehtechnik in Köln. Arbeitet hauptberuflich als Regisseur beim Süddeutschen Rundfunk. Zahlreiche Veröffentlichungen von Prosa, Lyrik und visueller Poesie in Anthologien, Zeitschriften und Zeitungen. Hörspiele, Features, Funk-Texte. Bücher (in Auswahl): ›Bilder vom Fleisch‹ Kurzroman (1973); ›Geschichten vom Güller‹ Prosa (1975); ›Beschreibung der Fallen‹. Gedichte (zus. m. P. Engel) (1977); ›Picknick mit Wasserzeichen und Rauch u. a.‹ Gedichtwechsel mit Jörg Moser (1979).
Energieerzeugung S. 179

Gutzschhahn, Uwe-Michael, geb. 1952 im Rheinland, lebt in Höchberg bei Würzburg und Waltrop/Westfalen. Studium der Germanistik und Anglistik; Redakteurs- und Verlagsarbeit. Förderungspreis des Landes Nordrhein-Westfalen 1979. Veröffentlichungen: ›Windgedichte‹ (1978); ›Miriam oder im Abstieg der Schönheit‹. Novelle (1979); ›Fahrradklingel‹. Gedichte (1979); ›Prosa und Lyrik Christoph Meckels‹. Dissertation und Bibliographie (1980); ›Das Leicht-

sein verlieren‹. Gedichte (1982); ›In der Hitze des Mittags‹. Gedichte (1983); ›Die Paradiese in unseren Köpfen‹ (Hrsg.) (1983).
Fensterläden S. 21; *Tanka* S. 33; *Hier sind wir* S. 48; *Notwendig* S. 68; *Liebesgedicht* S. 110; *Leichtsein* S. 136; *Zerfall* S. 143; *Weiße Zeitung* S. 146

Haberkorn, Ingeborg, geb. 1940 in Teplitz-Schönau, CSSR, aufgewachsen auf Dörfern, hauptsächlich in Mittelfranken, seit 1957 in Frankfurt/M. lebend; 1963 Eintritt in Beruf und Ehe; 1965 und 1967 Geburt der Kinder; 1969 Aufgabe des Berufs; Hausfrau und Mutter, unterschiedliche Nebentätigkeiten; 1972 Scheidung; 1974 Rückkehr in den Lehrberuf. Seit 1976 Gedichte, seit 1981 Geschichten. Gedichthefte: ›Lesezeichen‹ (1978); ›Regelschule‹ (1979); ›Viel Glück‹ (1979). Texte in verschiedenen Anthologien.
Ungeduldiger Zuruf S. 30; *Zum Trotz* S. 101; *Ausblick* S. 126

Haidegger, Christine, geb. 1942 in Dortmund, aufgewachsen in Oberösterreich, nach Matura längere Aufenthalte in GB, F und I. Seit 1965 in Salzburg. 1974 Gründungsmitglied der Autorengruppe PROJEKTIL, 1975–81 Herausgabe der gleichnamigen Literaturzeitschrift. Gedichtband: ›Entzauberte Gesichte‹. (1976); Roman: ›Zum Fenster hinaus‹ (1980). Lesungen und Veröffentlichungen in ZS, ZT, RF im In- und Ausland sowie viele Anthologiebeiträge (Lyrik u. Kurzprosa). Lyrik auch in ital., amerik. u. rumänischen Übersetzungen erschienen. Diverse deutschspr. Literaturpreise. Vorstandsmitglied der ›Grazer Autorenversammlung‹.
Tritt ein ins Wort S. 32; *Hinterhof* S. 64

Hartenstein, Elfi, »nach dem Krieg in Bayern aufgewachsene Löwefrau«, lebt als Autorin, Kleinverlegerin und Lehrerin in Bremen. Veröffentlichungen aus den Bereichen Lyrik und Prosa; Beiträge in Literaturzeitschriften, Anthologien und im Funk. ›Protokolle‹ (1980); ›Allerlei Frau‹. Gedichte, Geschichten, Erträumtes aus den Gruppen schreibender Frauen, hrsg. zusammen mit Denny Hirschbach (1980).
Leises Wort S. 63

Hausemer, Georges, geb. 1957, lebt als Autor, Kritiker und Übersetzer in Hagen/Luxemburg; Studium in Salzburg und Mainz; zahlreiche Publikationen in in- und ausländischen Zeitungen und Zeitschriften, in Anthologien, Textmappen, sowie im Hörfunk; Einzelveröffentlichungen, zuletzt: ›Polaroid‹ Gedichte (1981); ›Tandem‹ Liebesgedichte (1981); ›Unstet‹. Erzählung (1982); ›Das Glück des Vergessens‹. Gedichte (1982); ›Schill oder die Entfernungen‹. Erzählung (1982).
Glück S. 145; *Es war schön* S. 174

Hausin, Manfred, geb. 1951 in Hildesheim, lebt in Celle und Göttingen. Studium der Germanistik, Publizistik und Geschichte. Mitglied im VS und in der ›Kogge‹. Veröffentlichungen von Gedichten, Liedern, Satiren und Geschichten in zahlreichen in- und ausländischen Zeitungen, Zeitschriften, Anthologien. Funkarbeiten, Fernsehdrehbücher für den WDR. Mehrere Auszeichnungen. Bücher (in Auswahl): ›Vorsicht an der Bahnsteigkante‹. Bahnhofsgedichte (1972); ›Mit dem Wildbrett vorm Kopf‹. Satiren (1977); ›Die Stimme Niedersachsens‹. Gedichte (1979); ›Betteln und Hausin verboten‹. Epigramme (1982).
Sommertag S. 17; *Einfach ein Frühling* S. 42; *Zauberhubert* S. 57; *Verweigerung* S. 89; *Die Kündigung des Schneemanns* S. 100; *Im Park* S. 108; *Vermutung* S. 133; *Lebensstellung* S. 139; *Im Vogelhaus* S. 170; *Harter Winter* S. 182

Havers, Christoph, geb. 1955; Sozialpädagoge, zur Zeit Postbote, Vater einer

6jährigen Tochter. Schreibt Gedichte, Geschichten etc., zahlreiche Veröffentlichungen in Literaturzeitschriften, Stadt-, Kunst- und Kulturmagazinen, Anthologien, Kalendern. Lesungen in Kneipen, Cafés, auf der Straße, auch im Hörfunk. Im Herbst 81 erschien das Buch ›Plakatmenschen, Puppen und heiße Nächte‹ im Na-Und Autorenverlag, das neben der Titelgeschichte Kurzprosa und Gedichte enthält.
Aufbruch S. 29; *Etwas wie Liebe* S. 116

Heidebrecht, Brigitte, geb. 1951. Im Schuldienst gewesen, schnell wieder Reißaus genommen, rumgejobbt, Schreiben als Verdauungspause, Gymnastiklehrerausbildung gemacht, Gedichte selbstverlegt – schreibe vom Leben und lebe vom Schreiben und mache Tanz- u. Bewegungs-Workshops. ›Lebenszeichen‹ (1980); ›wer nicht begehrt, lebt verkehrt‹ (herausgegeben) (1982).
Im neuen Jahr will ich S. 97

Heise, Hans-Jürgen, geb. 1930 in Bublitz/Pommern, lebt in Kiel. Mehrere Literaturpreise, Mitglied des PEN-Zentrums. *Letzte Publikationen:* ›Ausgewählte Gedichte 1950–1978‹ (1979); ›In schönster Tieffluglaune‹, Gedichte (1980); ›Natur als Erlebnisraum der Dichtung‹. Essays (1981); ›Meine kleine Freundin Schizophrenia‹. Prosagedichte (1981); ›Ohne Fahrschein reist der Seewind‹. Gedichte (1982).
Einakter S. 88; *Aus den Kindertagen der Technik* S. 173

Hennemann, Susanne, geb. 1926. Abitur, Dipl.-Dolm. Lebt als freie Schriftstellerin in Lübeck. Gedichte, TV-Drehbücher. Veröffentlichungen in Zeitungen, Zeitschriften, Anthologien. ›Davidsgesänge‹, Gedichte (1980); ›Auge in Auge‹, Gedichte (1982).
Tagesanbruch S. 18; *Geh dir nach* S. 35; *Ein Mensch* S. 61; *Da schau her* S. 66; *Unter meinen geschlossenen Lidern* S. 73; *Die Verkettung* S. 188; *Es bleibt noch manches zu tun* S. 190

Hirschfelder, Hans Ulrich, geb. 1954 in Lehnin (Brandenburg), abgebrochenes Studium (Germanistik/Theaterwissenschaft), Ausübung verschiedener Tätigkeiten. Veröffentlichungen in Anthologien, Zeitschriften und im Rundfunk. Gedichtband: ›Orangen‹ (1980).
Instant poetry S. 86

Hohler, Franz, geb. 1943 in Biel. Schriftsteller und Kabarettist. Veröffentlichungen u. a.: ›Idyllen‹. Prosa (1970); ›Der Rand von Ostermundigen‹. Prosa (1973); ›Wegwerfgeschichten‹ (1974); ›Wo?‹. Prosa (1975); ›Tschipo‹. Kinderroman (1978); ›Ein eigenartiger Tag‹. Lesebuch (1979); ›Der Granitblock im Kino‹. Kindergeschichten (1981); ›Die Rückeroberung‹. Erzählungen (1982).
Die Alpen S. 167

Hübschmann, Wernfried R., geb. 1958, wohnt in Regensburg. Nach abgebrochener Gymnasialzeit kaufmännische Lehre, Abitur auf dem 2. Bildungsweg, Zivildienst, zur Zeit Studium der Germanistik, Politik und Sprecherziehung in Regensburg. *Einverständnis* S. 154

von Hutten, Katrine, geb. 1944 in Lohr/Main. Germanistikstudium. Lebt in München. Veröffentlichungen aus den Bereichen Lyrik, Prosa, Hörspiel. Übersetzungen. 1969 Leonce-und-Lena-Preis Darmstadt. Bücher (in Auswahl): ›Von Kopf bis Fuß‹. Lyrik und Prosa (1973); ›Halb Zwölf‹. Hinterhofgeschichten (1974).
Fluchtweg S. 45; *Angela* S. 56; *Das Beste von der Welt* S. 121; *Guten Tag* S. 175; *Neue Heimat* S. 192

Kattner, Heinz, geb. 1947 in Hildesheim. Lebt seit 1947 als freiberuflicher Schriftsteller und Pädagoge in Dahlenburg. VS-Mitglied. Arbeitsgebiete: Lyrik, Prosa, Essay, Rezension. Beiträge in Zeitschriften und Anthologien. ›Wetterleuchten‹. Gedichte (1981).
Streckenarbeiter S. 178

Klink, Dieter, geb. 1949, lebt und schreibt in Nürnberg.
Wunsch S. 132

Körner, Wolfgang, geb. 1937, lebt als freier Schriftsteller in Bad Reichenhall und Dortmund. Er schrieb Erzählungen, Romane, Sachbücher, Hörspiele und Drehbücher für Fernsehfilme. In der Reihe Fischer BOOT erschienen von ihm die Bücher ›Drogen Reader‹ (7507) und ›Nach Skandinavien reisen‹ (7526).
Vielleicht ist Glück S. 95; *Das wünsch ich mir* S. 137

Kraft, Heike, geb. 1943 in Berlin. Kunstgeschichts- und Pädagogikstudium. »Habe Ausstellungen für Kinder, Features für den Hörfunk gemacht und schreibe neuerdings. 1981 erschien das erzählende Sachbuch ›Wie der Hase an den Dürer kam‹, 1982 der Roman ›Balthasar, der Erfinder‹ (Fischer-BOOT 7511 und 7532). Dies ist mein erster Versuch im Verfassen von Lyrik.«
Wider die Grämlichkeit S. 77; *Ich mag die Zeiten dazwischen* S. 83

Krolow, Karl, geb. 1915 in Hannover. Lebt in Darmstadt. Mitglied des PEN-Zentrum. Vizepräsident der Deutschen Akademie für Sprache und Dichtung. Viele Auszeichnungen. Arbeitsgebiete: Lyrik, Essay, Prosa, Kritik. Bücher (in Auswahl): ›Gesammelte Gedichte‹ (1965); ›Der Einfachheit halber‹. Gedichte (1977); ›Das andere Leben‹. Erzählung (1979); ›Im Gehen‹. Prosa (1981); ›Herbstsonett mit Hegel‹. Gedichte (1981).
Jubel S. 22

Kruppa, Hans, geb. 1952 in Marl (Westfalen). 1970–1976 Studium (Anglistik, Sport) in Freiburg. 1977–1980 als Lehrer tätig. Lebt seitdem als freier Schriftsteller in Bremen. Veröffentlichungen aus den Bereichen Lyrik, Prosa, Aphorismus und Hörspiel in Anthologien, Zeitschriften und im Rundfunk. ›Der Eierkult‹. Roman (1976); ›Gegengewicht‹. Gedichte (1981); ›Zaubersprüche der Seele‹. Aphorismen (1981).
Ermutigung S. 31; *In eigener Sache* S. 75; *Zuhause* S. 84; *Überlegungen* S. 103; *Sogar im Schlaf* S. 111; *Berührung* S. 123; *Herzenswunsch* S. 135; *Pipapo* S. 169; *Zur rechten Zeit* S. 176; *Verabredung* S. 191

Kunze, Reiner, geb. 1933 in Oelsnitz/Erzgebirge. Studium (Philosophie, Journalistik) in Leipzig. Seit 1962 freier Schriftsteller. 1977 Übersiedlung aus der DDR in die Bundesrepublik Deutschland. Mitglied der Akademie der Schönen Künste (München), der Akademie der Künste (Berlin-West), der Deutschen Akademie für Sprache und Dichtung. Viele Auszeichnungen. Bücher (in Auswahl): ›Sensible Wege‹. Gedichte (1963); ›Zimmerlautstärke‹. Gedichte (1972); ›Die wunderbaren Jahre‹. Prosa (1978).
Mitternacht vorüber S. 67; *Die großen Spaziergänge* S. 118; *Liebesgedicht nach dem Start...* S. 128; *Auf dich im blauen Mantel* S. 130; *Trost in zehntausend Metern Höhe* S. 140

Leven, Anno Frank, geb. 1948 in Krefeld-Uerdingen. Studium der freien Malerei an der Kunstakademie Düsseldorf. 1977 Leonce-und-Lena-Preis. Gedichtveröffentlichungen in Zeitungen, Zeitschriften und Anthologien. Lebt zur Zeit als freischaffender Maler in Dies/Gellachtal im Westerwald und in Düsseldorf.
Überraschender Besuch S. 58

Lösche, Viktoria, geb. 1952 in Zwickau, DDR. Studium der Pädagogik in München und Köln. Seit 1975 Hauptschullehrerin für Deutsch u. Musik in Krefeld. Verschiedene Veröffentlichungen in kleinen Zeitschriften und Anthologien. Erster und einziger eigener Gedichtband: ›Ghetto für Blumen‹ (1982).
Paarungen S. 106; *Überlebenstraining* S. 152

Martens, Bernd, »Ich bin als Schlucker erzogen. Nicht so sehr als armer Schlucker, sondern eher nach dem Motto: Was drin ist kann dir keiner nehmen. Der Jahrgang '44 mag da eine Rolle gespielt haben. Mit Problemen, wenn sie sich nicht von selbst lösen, verfuhr ich ähnlich – runterschlucken. Bis mir die Spucke wegblieb. Nun fing ich an mir Gedanken zu machen. Andere jedenfalls als in meinem Beruf als Maschinenbauingenieur, in dem ich bis vor zwei Jahren mit am Fortschritt herumwerkelte. Schöne Gedanken, kritische und spielerische zugleich. Das gibt mir neue Kraft und neue Freunde. Ich schreibe Gedichte und Geschichten.« Gedichtband: › Ich schrubb von unten‹ (1982).
Lebenslauf S. 148

Marti, Kurt, geb. 1921 in Bern. Nach kürzeren oder längeren Aufenthalten in Basel, Paris, Büren a.A., Leimiswil, Niederlenz heute reformierter Pfarrer in Bern. Publizierte theologische Essays, Lyrik, Prosa. Mitarbeit an Zeitungen und Zeitschriften. Letzte Veröffentlichungen: ›Zärtlichkeit und Schmerz‹. Notizen (1979); ›abendland‹. Gedichte (1980); ›Bürgerliche Geschichten‹ (1981).
Lustsubjekt S. 109; *Biene, philosophisch* S. 156; *Die Rädertierchen* S. 163; *Ban Anna Beach* S. 168

Meidinger-Geise, Inge, geb. 1923 in Berlin. Schulausbildung und erste Studiensemester (Germanistik, Geschichte) in Berlin. Abschluß des Studiums mit Promotion zum Dr. phil. in Erlangen. Seit 1943 ansässig in Erlangen als freie Schriftstellerin. Mitglied des PEN, des VS. Vorsitzende der Europäischen Autorenvereinigung ›Die Kogge‹. Mehrere Auszeichnungen. Veröffentlichung zahlreicher Arbeiten aus den Bereichen Roman, Erzählung, Lyrik und Essay. Bücher (in Auswahl): ›Ich schenke mir ein Jahr‹. Roman (1980); ›Fee im Parterre‹. Erzählungen (1982); ›Ich bin geblieben, wo du warst‹. Gedichte (1981).
Zeichen S. 51

Michel, Gerhild, geb. 1942. »Ich studierte Theaterwissenschaft in Wien und Pädagogik in Heidelberg. Ich möchte Momente festhalten, in denen sich das Befinden eines Menschen und seine Haltung auf überraschende Weise zu erkennen geben.« Veröffentlichungen in Zeitschriften und Anthologien.
Ein Frühlingstag S. 12; *Zufälle* S. 72

Miersch, Alfred, geb. 1951 in Köln. Ausbildung zum Verlagskaufmann. Veröffentlichungen von Lyrik und Prosa in Anthologien und Zeitschriften. Rezensionen. Lebt in Wuppertal. ›Lauter Helden‹. Gedichte (1981).
Blues for one person S. 55

Petschner, Raimund, geb. 1948, eigentlich Hauptschullehrer, lebt jetzt als »freier« Schriftsteller in Berlin. Letzte Buchveröffentlichungen: ›Zu spät um Angst zu haben‹. Kurzgeschichten (1981) ›Glückstatt‹. Roman (1982).
Für Elisabeth S. 180

Pietrzik, Angela, geb. 1939. »Ich bin Malerin und habe eine Kindermalschule. Fast alles, was Spaß macht, mache ich mit Kindern zusammen. Auch dichten. Bei Kindern hört das überhaupt nicht auf, alles, was sie machen, ist endlos. Soweit ich kann, versuche ichs auch, zumindest soweit, daß die Unterschiede zwischen mir und den Kindern kleiner werden.« *Maria* S. 52

Rabisch, Birgit, geb. 1953, geschieden, ein Kind. Studium (Germanistik, Soziologie). Arbeit als Altenpflegerin. Veröffentlichungen in Anthologien. ›Jammerlürik‹. Gedichte (1980).
Glücklich sein S. 78

Schalk, Gisela, geb. 1941 in Oberschlesien. In verschiedenen Gegenden von Deutschland gelebt, in verschiedenen Berufen gearbeitet. Mutter von zwei Töchtern. Über die Frauenbewegung vor vier Jahren zum Schreiben gekommen. Bisher Veröffentlichungen in Anthologien und Zeitschriften. Mitglied der Gruppe »Frauen schreiben« in Dortmund.
Tief in meiner Mitte S. 70; *Lebensmitte* S. 189

Scherf, Dagmar, geb. 1942 in Danzig. Studium der Germanistik, Anglistik, Publizistik. Promotion. 1974–81 Verlagslektorin (Schulbuchbereich). Lebt seit 1981 als Freie Schriftstellerin. VS-Mitglied. Zahlreiche Veröffentlichungen in Anthologien. ›Unsagbar mit Zeit-Worten‹. Gedichte und Fotos (zus. m. Günther Scherf) (1978).
Erst wenn S. 25

Schneider, Roswitha, geb. 1945, »aufgewacht 1974«. Bis 1978 Tätigkeit als Sekretärin, bis 1981 Abendgymnasium. Seit 1981 Germanistikstudium (M.A.) Veröffentlichungen in Zeitschriften und Anthologien.
Vorschlag S. 96; *Neuland* S. 117; *Eigenartig* S. 153; *Haltlos* S. 155

Schneider, Theo, geb. 1952. Zivildienst, Studium der Germanistik, Philosophie und Soziologie. Seit 1975 Mitherausgeber der rhld.-pfälz. Literaturzeitschrift ›Formation‹. 1976 Mitbegründer der Autorengruppe Kaiserslautern. 1979 ›Liebeslied des Staatsanwalts‹. Gedichte. AVA. 1981 Auslandsreisestipendium des AA. Lebt als freier Autor, Kritiker und Journalist in Queidersbach bei Kaiserslautern.
E. F. S. 149

Stelling, Jürgen, geb. 1947 in Berlin. Lebt seit 1974 als Buchhändler und Schriftsteller in Stuttgart. VS-Mitglied. ›Friedliche Entwicklung‹. Gedichte (1978); ›Das Ende der Winterszeit‹. Gedichte (1981); ›Gegenverordnung‹. Gedichte (1981).
Darüber S. 13

Stof, Urte, geb. 1953 in Rotenburg an der Wümme. Studierte in Bremen Graphik/Design, anschließend Behindertenpädagogik und Kunst. Bislang noch keine Veröffentlichungen.
Frühlingstreiben S. 15

Thiekötter, Friedel, geb. 1944 in Neheim-Hüsten. Studium in Münster, Bonn und Orléans. 1970–1972 Assistent an der Universität in Münster. 1973–1975 Aufenthalt in Frankreich. Lebt als Lehrer in Münster. Verschiedene Auszeichnungen. Bücher (in Auswahl): ›Zum Beispiel Immergrün‹. Gedichte (1967); ›Reisebekanntschaft‹. Erzählungen (1974); ›Schulzeit eines Prokuristen‹. Roman (1978).
Mit deinem Haar S. 62

Treichel, Hans-Ulrich, geb. 1952 in Versmold/Westf. Lebt seit 1972 in Berlin. Studium der Germanistik und Politologie. Doktorand. Zahlreiche Veröffentlichungen in Sammelbänden und Anthologien. ›Nicht ewig auch unbelehrbar‹. Gedichte (1978); ›Ein Restposten Zukunft‹. Gedichte (1979); ›Berliner Tarantella‹. Gedichte (1982).
Wenn ich noch einmal S. 134

Völkert-Marten, Jürgen, geb. 1949, lebt in Gelsenkirchen. Literarische Arbeitsge-

biete: Lyrik, Prosa, Hörspiel. Mitglied im VS und in der ›Kogge‹. Veröffentlichungen in Anthologien, Zeitschriften, im Rundfunk und Fernsehen. Verschiedene Stipendien. Bücher (in Auswahl): ›Rothaar‹. Eine Personenbeschreibung (1977); ›Hoffnung wie Schnee‹. Gedichte (1978).
Das Einfache ist kompliziert S. 94

Wegner, Bettina, geb. 1947 in Berlin. Sie erlernte den Beruf eines Bibliotheksfacharbeiters und besuchte anschließend von 1966 bis 1968 die Schauspielschule in Berlin. Ihr Protest gegen den Einmarsch der Truppen in die ČSSR führte zur Haftstrafe, die später ausgesetzt wurde, und zur Exmatrikulation. Anschließend war sie als Siebdruckerin im EAW Treptow tätig. 1971/72 besuchte sie das Zentrale Studio für Unterhaltungskunst. Seit 1973 lebt Bettina Wegner als freiberufliche Liedermacherin in Berlin (Ost). Sie ist mit dem Schriftsteller Klaus Schlesinger, der mit einem offziellen DDR-Visum in Berlin (West) lebt, verheiratet und hat drei Kinder. Veröffentlichungen: ›Wenn meine Lieder nicht mehr stimmen‹ (1980); ›Traurig bin ich sowieso‹ (1982).
Cool S. 26; *Ode an das Leben* S. 54

Weyrauch, Wolfgang, geb. 1907 in Königsberg; Besuch des Gymnasiums und einer Schauspielschule; eine Zeitlang Schauspieler in München und Bochum; dann Studium der Germanistik, Romanistik und Geschichte; seit 1933 Lektor und Journalist in Berlin; 1940–1945 Soldat; 1950–1958 Lektor in Hamburg; seit 1959 freier Schriftsteller; er hat erzählende Prosa, Lyrik und zahlreiche Hörspiele geschrieben; Herausgeber von Anthologien und Lyrik-Jahrbüchern; er gehörte der Gruppe 47 an; Mitglied des Deutschen PEN-Zentrums und der Deutschen Akademie für Sprache und Dichtung, Darmstadt; 1962 erhielt er den Hörspielpreis der Kriegsblinden, 1967 den Stereo-Hörspielpreis; Initiator des Leonce-und-Lena-Preises. Wolfgang Weyrauch starb im November 1980. Veröffentlichungen u. a.: ›Kalenderbuch. 365 Tage Lesen‹ (1977); ›Mit dem Kopf durch die Wand‹. Geschichten, Gedichte, Essays und ein Hörspiel 1929–1977 (1977); ›Anders wär's besser‹ (1982).
Die Flöte S. 125; *Hexen* S. 162

Wilcke, Lisa, lebt und schreibt in Karlsruhe. ›Mit nichts als Worten im Gewand‹. Gedichte (1982).
Geb. im Winter S. 80

Zahl, Peter-Paul, geb. 1944, Drucker, Kleinverleger, Schriftsteller, seit 1972 in Haft. 1974 wegen »fortgesetztem schweren Widerstand und gefährlicher Körperverletzung« zu vier Jahren Freiheitsentzug verurteilt, 1976 in gleicher Sache, nun »zweifacher versuchter Mord« genannt, bei unveränderter Beweislage zu fünfzehn Jahren, weil (Urteilszitat:) »Zahl ein Gegner des Staates ist und zur allgemeinen Abschreckung«. Die letzten Veröffentlichungen: ›Die Glücklichen‹. Schelmenroman (1979); ›Die Stille und das Grelle‹. Aufsätze (1981); ›Johann Georg Elser, ein ‚deutsches Drama'‹. (1982); ›Konterbande‹. Gedichtsammlung (1982).
Häftlingstraum S. 150; *Lied von den bösen Folgen der Heimatkunde* S. 166

Zornack, Annemarie, geb. 1932 in Aschersleben am Harz, lebt in Kiel. 1979 Fördergabe der Friedrich-Hebbel-Stiftung. *Buchveröffentlichungen* (Auswahl): ›Die zwei Flüsse von Granada‹. Reiseprosa, zusammen mit Hans-Jürgen Heise (1976); ›als das fernsehprogramm noch vorm küchenfenster lief‹. Gedichte (1979); ›treibanker werfen‹. Gedichte (1982).
Zivilcourage S. 41

QUELLENVERZEICHNIS

Uli Becker, *It's finger lickin' good,* aus: ›Daß ich nicht lache‹, Rowohlt, Reinbek 1982.

Hans-Georg Bulla, *Ins Freie; Übers Land; Kleine Hoffnung,* aus: ›Der Schwimmer‹ Suhrkamp, Frankfurt 1982.

Franz-Josef Degenhardt, *Sentimentaler Hund,* aus: ›Kommt an den Tisch unter Pflaumenbäumen‹ Bertelsmann, München 1979.

Fritz Deppert, *Antithese,* aus: ›Atempause‹, Spectrum, Fellbach 1981.

Volker Erhardt, *widerspruch,* aus ›Poesiekiste‹ (hrsg. v. J. Fuhrmann) Rowohlt, Reinbek 1981.

Thomas Erwin, *Ernste Spielerei; Jugend* aus: ›Der Tag will immer Morgen bleiben‹ Piper, München 1981.

Uwe-Michael Gutzschhahn, *Notwendig; Leicht sein; Weiße Zeitung* aus: ›Fahrradklingel‹ Oberbaum, Berlin 1979 / *Liebesgedicht 3; Zerfall* aus: ›Das Leichtsein verlieren‹ Oberbaum, Berlin 1982.

Hans-Jürgen Heise, *Einakter* aus: ›Ohne Fahrschein reist der Seewind‹ Eremiten-Presse, Düsseldorf 1982.

Reiner Kunze, *Mitternacht vorüber; Die großen Spaziergänge; Liebesgedicht nach dem Start oder Mit dir im selben Flugzeug; Trost in Zehntausend Metern Höhe* aus: ›auf eigene hoffnung‹ S. Fischer, Frankfurt/M. 1981 / *Auf Dich im blauen Mantel* aus: ›zimmerlautstärke‹ S. Fischer, Frankfurt/M. 1972.

Karl Krolow, *Jubel* aus: ›Gesammelte Gedichte II‹, Suhrkamp Frankfurt/M. 1975.

Viktoria Lösche, *Überlebenstraining* aus: ›Ghetto für Blumen‹ Sassafras, Krefeld 1982.

Hans-Ulrich Treichel, *Wenn ich noch einmal in den Stadtpark dürfte* aus: ›Ein Restposten Zukunft‹ Edition Neue Wege, Berlin 1979.

Bettina Wegner, *Cool sein; Ode an das Leben* aus: ›Weine nicht, aber schrei‹ Büchergilde Gutenberg, Frankfurt/M. 1982.

Wie der Hase an den Dürer kam

Geschichten zum Thema Kunst

Erzählendes Sachbuch von Heike Kraft

Brauchte Dürer eine Stunde, einen Tag oder Monate, um seinen Hasen zu zeichnen? Nachlesen, Dürers Hase weiß die Antwort. Streichelzahm und löffelweit bekannt, witzig und verschlagen dazu. Überdies ein Kinderfreund. Außerdem hat er den Streß mitgemacht, sich malen zu lassen. Ist berühmt geworden wie Donald Duck und Asterix. Und hat dabei den Dürer mit all seinen Macken verstehen gelernt. Zum Schluß haben sie sich richtig gemocht. Der Dürer hat den Hasen besser begriffen, der Hase hat verstanden, was es mit der Kunst auf sich hat. Nach knapp 500 Jahren packt er jetzt endlich aus. Exklusiv für junge Leute, seine Freunde. Und verrät außerdem noch, ob ein Bild von früher 100 DM oder eine Million wert ist, warum Künstler als komische Leute gelten, ob sie ihren Mercedes selbst fahren, einen Chauffeur haben oder öffentliche Verkehrsmittel benutzen. Was passiert, wenn man ein Bild klaut oder fälscht und es verkaufen will. Was überhaupt dran ist an dem Gewese um die Kunst.

FISCHER BOOT Band 7511